我的孩子怎么了？

What's going on with my teenage child?

青少年常见精神心理问题家长手册

孙欣羊 医生 —— 著

上海社会科学院出版社

推荐序
递给您一条救援绳索

青少年时期是一段迷人的时光，一段英雄的自我发现之旅，但这段旅程也会迷航。父母是孩子的领航员、参谋官，遗憾的是我们都没有受过如何当好父母的教育。时代日新月异，是时候要学习了。

自2020年新冠疫情以来，孩子常常居家学习，孩子的不良情绪、网络成瘾等问题也普遍增多。《2022年国民抑郁症蓝皮书》指出50%抑郁症患者为在校学生，18岁以下的抑郁症患者占总人数的30%。这些数字无疑提醒我们，重视青少年心理健康刻不容缓。但家长更多关心的仍是给孩子做教育规划、报各种提高班，成绩是不可撼动的重要目标，却忽视了孩子的内在需求，即使感觉到有一些心理问题的苗头，家长并不知道如何正确安抚和疏导。我想到一句流行语：要用一生去治愈童年。孩子不是一项有待处理的工作，是需要被理解、支持和科学关爱的个体。

推荐这本书，从我的三个角色说起。

首先我是孙欣羊医生的大学同学。我们是从同一个城市考到同一所大学、同一个班级，当时风华正茂、意气风发，心怀悬壶济世之念，负笈医学的文山书海。虽然我也很刻苦，但和欣羊同学相比相形见绌，他最有名的"标签"是经常在上洗手间的时候背诵英文，功夫不负有心人，他是我们全年级第一个考过高级口译的人。给我留下深刻印象的另外一件事是，他夫人怀第一个宝宝的时候，欣羊刚好考上了精神医学专业研究生，他夫人当时在东北一家知名外企工作，工作稳定、薪资不错，为了陪欣羊读书，她辞职来到南方。很多人不解，你还在求学，夫人怀孕期间，单位是不能辞退的，可以多拿一年的工资为什么不拿。不欺，是他们夫妻的品格。我相信书如其人。

第二个角色，我也是一名医生。学医要直面痛苦、残缺和不幸，每一位医者都要有悲悯之心，去找到病因，去医除病痛。面对孩子，特别是有心理问题的孩子，我们也要从生理的角度去思考。一方面，青少年时期孩子体内的性激素水平大幅升高，内在的改变，体现在让家长"难以捉摸"的情绪上。另一方面，当今的青少年面临许多竞争和情绪压力，从幼儿园就被迫开始"内卷"，也因此丧失了许多乐趣。特别值得一提的是青春期大脑发育特点，通常前额叶皮质的判断功能要到25岁才发育成熟，情绪控制一般要到30岁左右才会成熟。所以说青少年的大脑只有"八成熟"。由此看来，孩子做事不专注、缺乏自我控制、情绪化等缺点，也是情理之中。出现心理问题，要从医学的角度去思考、去寻求帮助，施以科学的解决方案。

最后一个角色更为重要，我也是一位面临孩子即将小升初的父亲。自然也是本书的目标读者。看完这本书，我印象最深的是，要提醒自己许多孩子的问题，都是因为父亲角色缺位或相对缺位状态。我认识到作为家长要用心去倾听、理解，带着温柔的善意去沟通，而不是和自己理想中的孩子去比较，求全责备现实中的孩子，忽视了每一个孩子身上宝贵的个性。孩子的许多坏行为是受环境影响的，孩子心理出了问题，首先要反思夫妻之间的关系和自我修养，这样家庭氛围会变得宽松和谐，帮助孩子树立自信心、建立安全感和价值观，孩子也会从中获得心灵的滋养。特别推荐本书的最后一部分——与青少年沟通的锦囊妙计：充分尊重，不问西东；察言观色，为他代言；打成一片，巧妙迁移；即时反馈，巧用故事；自我暴露，真爱不变。

专业的人讲专业的事，孙医生是精神医学科专业出身，曾在上海外资医院任精神心理科主任。从书中可以看到对心理问题讲解的科学性，比如常见心理问题的定义，再比如对精神类药的用药时机等。从他个人近20年的临床经验，特别是最近几年专心于心理咨询行业，从实践中归纳问题更有针对性，问答对话的方式通俗易懂。我读完书稿后，体会出这是用心写的书，是一个医生真实的札记，不同于教科书，也不同于科普读物。他是从患者角度、从内心煎熬的家长的角度，希望帮助大家解决问题，是一本实用的答案之书。当代社会，生活压力大、工作节奏快，无暇阅读旁征博引的大部头经典，这本书恰恰是干货满满，即查即用，像是诸葛亮的锦囊，又像是华佗的良方。虽然医生都想能立德、立功、立言，但有些人还是想把看家的本事留三分，生怕学会徒弟饿死师父。但我从这本书中，看到的是掏心掏肺，生怕你看不见听不懂，救你上岸再送一程。从文字中能感受到温度，我还能感受到孙医生磁性的嗓音、坚定的眼神。

心理问题也是青少年成长的一部分，是他们认识自我、融入社会必须跨越的一条沟渠、一座山梁。"所爱隔山海，山海皆可平。海有舟可渡，山有路可行。"希望这本书成为你递给孩子的翻山过海的缆绳。

李恒宇

海军军医大学附属长海医院普外科副教授

医学博士、生物学博士后、硕士研究生导师

2022 年 11 月底于上海锦雪苑

序言

当今，青少年面临前所未有的挑战。

不仅有传统观念上已知的因素，如学习压力、身体激素水平在青春期骤变、自我身份感初始建立过程中的困扰等，还有新时代诸多新型因素的影响，如日益复杂的学校环境及人际关系、日益复杂的家庭环境及亲子关系、网络盛行带来的各种成瘾问题、日益增加的自残行为和自杀风险，还有烟酒等物质滥用的朋辈环境等。

面对如此复杂的时代环境，青少年纷纷出现状况，抑郁、焦虑、强迫、网瘾、休学、暴食、厌食、自残和自杀等问题层出不穷。家长看到孩子出现这些状况，先是震惊，后是责备，再后是无奈。想要帮助孩子，却不知道该怎么做，求助无门。

很多时候，孩子出现这些状况，家长可能因为病耻感，选择守口如瓶，不愿向任何人透露，甚至极力掩盖，造成孩子病情愈发严重，直到无法隐瞒，才四处求医，病情严重后治疗难度大，造成久治不愈。感受从愤怒到绝望，由尤人变成怨天。

精神医学和心理学在中国的发展史很有限。但时代的发展已经等不及科学的发展，在时代背景下蜂拥而出的精神心理问题已经扑面而来，甚至精神科医生和心理咨询师等专业人士都来不及应用专业知识来解读这个变化如此迅速的世界，解读这个世界如何影响了我们的孩子。

不知道说到这里，家长们会不会更加绝望。多么希望这只是危言耸听。

青少年出现精神心理问题，到底是谁的错？

是孩子的错吗？很难说。孩子在尚未形成自己完全独立的意识和自我身份感之前，很容易受到外界环境的影响，包括家庭环境、学校环境和社会环境。

是家长的错吗？也很难说。家长很少在生孩子之前接受过养育儿女相关的教育，并未获得与孩子沟通的技能、处理青少年问题的技能，更何况在新时代的新元素影响下，对父母的养育技能要求更是今非昔比。做家长太难啦！

是学校的错吗？也很难说。学校很难对孩子的心理健康负责，只能起到监督和提醒的作用。有时，不可避免会发生朋辈压力、老师损伤孩子自尊心、孩子在同学中被忽略或孤立甚至霸凌等情况。学校面对孩子在校园内自残或自杀的情况时也真是胆战心惊、如履薄冰。

是环境的错吗？更难说。时代的发展不会考虑个人是否能够承受，不会考虑这个发展会给家庭带来什么影响，会造成怎样的社会变革。时代造就环境，大环境影响小环境。

说了这么多是想让大家明白：纠错重要不重要？当然重要，但不是最重要的。更重要的是如何解决问题。否则就会一直陷在"这是谁的错？"的思维里无法自拔，致使问题迟迟得不到解决。

很多心理咨询会把孩子的问题过多归咎于父母，造成孩子和父母关系破裂，孩子自己也久久无法从对父母的怨恨中走出来，更加无法为自己负起责任。

青少年出现精神心理问题，既不是孩子、家长、学校和环境的错，又都是孩子、家长、学校和环境的错，每个因素都是促成因素。

如果以上情况属实，那青少年的出路在哪里？

青少年需要一个完整的"救援军"系统。

在这个"救援军"系统里，必定有家长作为家庭环境最重要的影响因素，必定有专业人士的专业治疗和指导，必定有学校有责任心的看护，必定有社会、政府等相关部门的政策支持，也必定要有孩子自己不懈努力只为走出困境的坚定与执着。

作为专业人士，有幸通过这本书向各位家长展示当今青少年常见的精神心理问题。篇幅有限，未能展示全貌，但管中窥豹，可见一斑。

目前，笔者正致力于建设"围青春期精神心理问题诊疗康复体系"，旨在通过这个体系让受困的孩子、家长和家庭可以一目了然地知道自己目前所处的境况如何，从当下处境出发，如何绘制一条诊疗、康复的求生之路，达到那个目力可及却又好像困难重重、无力抵达的目的地，就是实现随心所欲不逾矩、畅所欲言不惧异、动之所想不畏难、愿未达成不止前的美好愿景。

目录

推荐序　递给您一条救援绳索　李恒宇　/ 1
序　言　/ 5
第 1 章　睡眠问题　/ 1
第 2 章　人际关系问题　/ 21
第 3 章　网瘾问题　/ 51
第 4 章　抑郁问题　/ 75
第 5 章　双相问题　/ 107
第 6 章　焦虑问题　/ 117
第 7 章　强迫问题　/ 125
第 8 章　多动问题　/ 133
第 9 章　进食问题　/ 147
第 10 章　创伤问题　/ 157
第 11 章　人格问题　/ 167
第 12 章　自残和自杀问题　/ 197
第 13 章　与青少年沟通的锦囊妙计　/ 225
结　语　/ 249
鸣　谢　/ 251

第 1 章
睡眠问题

青少年睡眠问题的主要表现 / 4

青少年睡眠问题的主要原因 / 7

青少年睡眠问题的解决方法 / 14

睡眠问题

对于青少年来说,"睡眠障碍"这个专业术语显得很违和。

一般来说,提到"睡眠障碍",我们通常想到的是中老年人、工作压力大的年轻人、夜班相关特定职业人群或者有特定病症的人群。青少年应该很少有失眠问题。

笔者年少时,倒头就睡,从未尝过失眠的滋味,也从来不知道人为何会失眠,直到大学毕业抑郁后,才知道失眠的痛苦。

后来,做精神科医生初期,接诊青少年,他们的父母说孩子"失眠",让人很困惑,想一探究竟,这群孩子到底怎么了,怎么会年纪轻轻就失眠?

> 孙医生:失眠具体是指?
> 小　A:就是睡不着啊!凌晨两点都还睡不着。
> 孙医生:那睡不着你会做什么呢?
> 小　A:玩游戏啊!玩困了再睡。

结果,玩到凌晨三点也不困,也不睡。到天快亮了,折腾了一晚上,终于有了些许困意,睡吧。黑白颠倒就此闪亮登场。

随着接诊经历的增长和专业认识的加深,笔者开始有一点明白青少年所说的"失眠",有可能是因为睡前活动刺激大脑造成过度兴奋,无法入睡,久而久之,造成所谓的"失眠"。

人体的生物钟具有强大的可调节性。如果你习惯了晚上睡、白天不睡,黑白颠倒是完全有可能的,就像某些职业要求晚上工作,他们就是黑白颠倒。比如作家、医生、护士,还有夜班工作者等。这些职业人员如果是成年人,习惯了这种作息时间,一般也问题不大（女性可能会有内分泌失调），但如果是青少年黑白颠倒，就不能忽略可能出现的负面效应。

再后来，接诊越来越多青少年，听到越来越多他们失眠的主诉，也越来越认识到：青少年的失眠在开始阶段不一定是"不能睡"，而是"不想睡"。

其实，睡眠问题是一个非常普遍的问题。不仅是在成年人中，青少年也越来越多有睡眠方面的困扰。许多家长说，孩子黑白颠倒、失眠睡不着觉、经常一睡就睡到下午、孩子半夜总是醒、总是做梦等。

这里总结一下睡眠问题常见的五种表现。

青少年睡眠问题的主要表现

表现一 入睡困难

什么叫入睡困难？躺下 10 分钟没睡着算不算入睡困难？我们对于入睡困难一般是以 30 分钟为界，如果半个小时以上没有睡着就认为是入睡困难。如果 1~2 个小时都睡不着，那就是比较严重的入睡困难。

表现二 睡眠不足、睡眠浅、质量不好

青少年一般需要睡 7~8 个小时。有些孩子学习比较紧张，可能只睡 6 个小时左右，但中午或周末最好稍微补补觉。有些孩子可能会稍微轻松一点，可以睡到 8 个小时，这是通常的睡眠时长。如果你的孩子睡眠少于 6 个小时，这就是睡眠不足，可能造成疲乏感、注意力不集中、情绪不稳等问题。另外，睡眠很浅、很容

易醒，睡眠质量不好，也会影响白天的状态。

表现三　早醒

到底怎样才算是早醒？早醒就是比平时的醒来时间要早 2 个小时以上，而且不能再入睡。之前你平时是 7 点钟醒来，那么如果你现在 5 点钟就醒了，而且再也睡不着了，提前了 2 个小时以上，我们认为这就是早醒。

表现四　睡眠过度

一般成年人的睡眠时长是 6~8 个小时。那么睡眠过度就是明显超过这个时长，睡了 10 个小时、12 个小时、16 个小时甚至 18 个小时。这里需要区分一下睡眠过度和嗜睡两个不同概念。

睡眠过度也有可能是他不想起床，觉得起来也没有事情做，没有上学，也没有什么目标，总之没有动力、没有兴趣。起来干吗呢，继续睡吧！醒了再睡，睡了再醒，睡了很久。这就不是嗜睡，而是心理因素造成的睡眠过多。嗜睡在临床上与一定的病理因素相关，是由于某种病症或药物副作用造成的具有病理性的睡眠现象。

表现五　黑白颠倒

一般情况下，青少年在晚上 12 点之前睡，到第二天七八点钟起床，这是正常的睡眠节律。如果到了凌晨 2 点、3 点、4 点、5 点、6 点才睡，直睡到第二天下午 1 点、2 点、3 点、4 点，这就是睡眠上的黑白颠倒。

这种颠倒，有时是一半白一半黑的黑白颠倒，有时是整夜的黑白颠倒。很多孩在休学或不上学时就会黑白颠倒，他们整夜整宿地玩游戏，第二天白天要睡到下午三四点钟才起来，稍微吃点东西，又开始玩游戏，直到第二天凌晨。不是玩游戏，就是刷抖音、追剧、买东西、聊天等各种各样的网上活动。

以上就是青少年睡眠问题的五大主要表现。这五大主要表现，在青春期阶段来看又有怎样的特点呢？

特点一　入睡困难不一定是睡不着，可能是不想睡

有些孩子会说："孙医生，你就算给我开药我也不会按时吃的，你让我10点钟服药，我2点睡呢就1点半吃，我3点睡呢就2点半吃。"这样服药对他来说几乎没有什么意义。为什么他不肯在10点钟、11点钟服药呢？因为他"不想睡"。

请注意，青春期的孩子很多时候不是睡不着，而是不想睡，因为晚上的时光对他来说很宝贵、很轻松、很自由、很清醒、很愉快。

特点二　黑白颠倒不一定是睡眠障碍，而是一种习惯

如果已经成年，已经工作，或者工作是作家、摄影师、艺术家、音乐家，常常需要在晚上工作，因为此时容易出现灵感、兴奋，有创作冲动，那么选择白天睡觉晚上工作，这种类型的黑白颠倒不一定是睡眠障碍，而只是一种睡眠习惯。但是对于青少年来说，这种黑白颠倒就会带来身体的内分泌失调以及对学业的影响。这种习惯是不适应性的，需要调整。

特点三　睡眠过度可能是心理因素造成的

对于很多患有抑郁症的孩子，早晨醒来是他最痛苦的时刻，

因为他不知该怎样面对新的一天，对任何事情都没兴趣，对生活没有热情，也没有目标要去追求，活着就像行尸走肉。晚上睡觉时他才觉得开心一点，觉得这一天终于过去了，可以睡觉了，不用再去面对白天这一堆无聊的人和事。所以，抑郁症患者常有"晨重夜轻"的特点，就是这个原因。

特点四　整夜不睡

整夜不睡是指从晚上到早晨一整夜都不睡觉，甚至到了白天也不困，也不睡，或只睡很短时间。通常来说，偶尔一个晚上玩嗨了，不睡觉，第二天白天补觉，而且补觉时间足够，那也算正常，不能算是有睡眠障碍。但如果整夜不睡之后，第二天白天或晚上仍然不怎么睡或睡很少，可能是什么原因呢？我们会从病理性方面寻找原因，比如躁狂、抑郁、焦虑或者精神症状，这四种情况都有可能造成孩子整夜不睡。

整夜不睡会造成注意力和记忆力下降，体力和动力下降，思维反应和应变能力下降，睡眠不好还会引发焦虑、抑郁情绪。请注意，越是睡不着越焦虑，越是焦虑越睡不着。抑郁也是如此。越是抑郁越睡不着，越睡不着越抑郁。焦虑、抑郁这两种问题与失眠形成恶性循环，相互作用，相互影响。

青少年睡眠问题的主要原因

青少年本不该有睡眠问题。但现实情况是，很多青少年有睡眠问题。到底是什么原因呢？大概可以总结如下。

原因一 各种压力太大

现今的青少年承受着各种各样的压力，首先是学习压力。

曾经有一位初中生说，她每天做作业要做到凌晨 1 点，然后早晨 5 点就要起床去上早自习，每天只能睡 4 小时，几乎天天如此，周末都无法好好休息。笔者一开始以为这只是她个人的特殊情况，后来她说，她的同学几乎都是这样。对于十几岁的孩子来说，每晚只睡 4 小时，如何能保证白天的精神状态与上课听讲的学习效果？更何况每晚只睡 4 小时会对身体健康造成多大的危害。真是不敢想象。

其次是来自父母的压力。

青春期的孩子本来就已经承受很多压力了，父母本该帮助孩子缓解压力，但根据很多孩子亲口表述，他们觉得从父母那里来的压力同样很大，甚至更大。要么因为父母不懂得沟通，表达方式常常让孩子觉得不被理解，平添更大的压力。要么因为父母对孩子期望很高，不停加码，除了要完成学校的学业任务以外，还要学习课外课程，进行兴趣特长培养，真是让孩子不堪重负。

父母可能会以各种理由用语言给孩子施压。

> 你怎么还没有起床？
> 你怎么还没写作业？
> 这次考试怎么考得这样糟糕？
> 你今天怎么这么晚回家？

这些负面的表达都带有消极意味，不知不觉就会带给孩子压力,让他觉得不堪重负。到了晚上,一切都安静了,尤其过了12点,大家都睡了,孩子非常享受这片刻的安宁,所以不想"睡"。

青春期的孩子特别看重自由。

他们常常用一个字来描述父母,就是"管"。其实"管"这个字从父母对孩子的角度可以有两种理解,一种是照顾、陪伴、支持,另一种是干涉、约束、限制。孩子说"管"的时候常常是指第二种意思,而忽略了第一种意思。他们的表达是"你们总是管我""别管我"。白天躲不过被"管",晚上才得以放松,所以不想"睡"。

再次是来自人际关系的压力。

> 我学习够不够好?
> 我长得够不够帅,别人会不会喜欢我?
> 昨天这位同学和我聊天很热情,今天不热情了,是不是我做错了什么?
> 前些日子同学们出去玩还会邀请我,最近怎么没人邀请我了?
> 我喜欢一个女同学,却不敢向她表白,表白被拒绝会不会让自己像个傻瓜?

这些人际关系的想法都会带来压力。

原因二 白天头脑混混沌沌,晚上异常清醒

人的大脑有很强的节律性。

也就是说,大脑会适应一种节奏,在一天当中不同的时间段处于不同的状态。举例来说,如果你在中国习惯了白天学习或工作，晚上睡觉，那么大脑就会在白天体现为工作和学习状态，而到了晚上就会出现困意。但当你去到美国东部，时间差是12~13小时，大脑节律可以在1周左右的时间完成倒转，本来在中国清醒的时间段变成了困倦时间段，本来在中国困倦的时间段变成了清醒时间段。这种大脑节律的改变可以在短短几天内完成。

同样，如果孩子在白天习惯性睡觉，晚上习惯性打游戏或做其他事情，那么大脑生物节律就会适应这样的节奏，到了晚上自然"睡不着"。

原因三 网友互动或谈恋爱

很多孩子在网上交友。这里说的网友是指在现实生活中不认识，而在网络上通过某种方式结识的人，比如某个游戏平台、某个交友平台、某个兴趣爱好平台。孩子觉得和网上的朋友很聊得来，甚至比现实生活中的同学更聊得来。如果在网上有喜欢的人，那就更挡不住要在晚上发信息、视频聊天或进行其他互动。

原因四 创作灵感

有些孩子有某个领域的爱好，甚至是天赋。这些爱好或天赋常常在晚上夜深人静时才会有灵感，比如文学创作、艺术创造、音乐创作等。对于这些创作，孩子抱有很大的热情，而且创作之后很有成就感，甚至打算以这些创作为生，对上学都不感兴趣。因此，要求他按时睡觉，按时早起去上学，对他来说，兴趣不大。

原因五 缺乏目标感和意义感，感觉空虚

很多孩子虽然处于抑郁状态或失能状态，但很不甘心于这种状态，甚至对于一天没做什么有意义的事情感到很难放过自己，觉得不能就这么睡过去，这一天不能就这么白过了，无法接受自己无意义的状态。所以就熬着不睡，但又找不到有意义的事情做，就卡住了，非常痛苦。

原因六 成瘾问题

成瘾的问题在近十年被广泛关注。父母越来越多地发现孩子对电子产品的兴趣过于浓厚，甚至到了无法控制的程度。这里说的"成瘾"一定是到了失控的程度，否则不能称之为"成瘾"。

很多孩子游戏成瘾，每天花大量时间在网上打游戏，在家有电脑就在电脑上打，在外没电脑，就用手机打，如果既不能用电脑，也不能用手机，那就开外挂让账号自动打，甚至请别人打，反正游戏不能停。

这里需要澄清的概念是：青少年所谓的"游戏成瘾"很多时候只是习惯性打游戏或"假性成瘾"。这些概念将在第3章中详述。

游戏成瘾是大家所共知的，但色情成瘾却很隐晦，是很多家长不知道的。在最开始的时候，青春期的孩子不一定是主动寻找色情资源，而是在网上浏览时碰巧看到的，但看到之后就一发不可收拾。青春期是性激素爆棚的年纪，性冲动非常强烈，对"性"充满各种好奇。如果家长不能在青春期甚至在更早的年纪做好引导和教育的工作，那么孩子很可能陷入"性"的陷阱。

其实，好的"性教育"在2~3岁时就开始了，但很多家长对此没有意识，不给予孩子引导，任由孩子在青春期被性冲动驱使，

被有害的性信息误导，这是教育的失误。

原因七　病症类问题

造成睡眠不好的病症类问题有很多，包括多动、抑郁、焦虑、躁狂和其他精神症状。

首先说多动。多动造成睡眠不好主要体现为入睡困难和睡眠时间短。这和多动孩子的大脑兴奋性较高有关。但多动造成的入睡困难一般不至于造成整晚不睡，只是睡得少一些，白天也不见得会因为睡得少而出现体力问题。

其次是抑郁型失眠。抑郁状态下人也会在睡前想很多事情，造成情绪很低落，想的都是过去那些糟糕的、不愉快的记忆。想到考试失利，想起跟同学吵架，想起被老师批评或被父母打骂，类似的事情不停地从记忆里冒出来，让人感到痛苦，痛苦得睡不着觉，大脑停不下来。

再说焦虑型失眠。焦虑状态下人也会想很多事情，大脑皮层也比较兴奋，但这种兴奋却无法带动情绪兴奋。焦虑状态下所想的事情多是现在和将来的事情：担心孩子在学校会不会被别人欺负；担心家里房子买得值不值，要不要再买一套，又或者担心房价会不会跌；担心到哪里去给孩子买牛奶是安全的，买什么能让父母吃得更健康；担心孩子会不会得新冠。各种各样的担心造成焦虑，也让人睡不着。

可以看出，焦虑型失眠和抑郁型失眠都是比较痛苦的。

再次是躁狂或轻躁狂型失眠。躁狂造成的不睡是因为大脑皮层和情绪都太亢奋了。亢奋通常是用来形容大脑皮层的异常兴奋，各种各样的奇思妙想不由自主地冒出来，一会儿一个音乐的想法，一会儿一个写作的想法，一会儿一个学语言的想法，一会儿一个创业的想法，一会儿一个写书的想法，各种各样奇妙的好想法一股脑地往外冒，令人根本睡不着。这种亢奋式的睡不着觉如果持续 4 天或一周以上，我们要担心是不是有躁狂或轻躁狂的可能。

因此，抑郁和躁狂都可以造成睡不着觉，但睡不着觉的感觉显然不同。

最后是精神症状导致的失眠。精神症状导致的失眠常见的状况是，孩子一闭上眼睛就会出现鬼怪、野兽攻击他的画面，或者孩子声称天花板上出现各种各样形状的东西，闭上眼就能看到，有时候睁开眼也可以看到。还有的孩子一闭上眼睛就会听到有人在跟他说话，说"你要去跳楼""你要去自杀""你这个笨蛋""你这个傻瓜"，各种各样的声音，就像有人在他耳边不停地唠叨，使得他不敢睡、睡不着。

每一种睡不着觉都有不同的原因，所以我们不能轻易认定睡不着就一定是躁狂或一定是抑郁，要看具体情况具体分析。

原因八 自残和自杀

一提到自残和自杀，很多家长会觉得毛骨悚然，心想我的孩子千万不要走上这条路啊。同时，也可能存在侥幸心理，觉得我的孩子应该没有这类问题。但临床经验告诉我们，很多孩子的自残行为和自杀想法都是在很多年之后才被父母知道的。

家长很纳闷，为什么孩子当时不告诉父母？

其实想想看，如果孩子告诉父母，父母会有怎样的反应？父母是会忍着心痛以专业有效的方式介入，还是无法控制自己的情绪，以极为不专业且无效甚至起反作用的方式干涉？答案是：大部分父母是后者。孩子尝试过告诉父母，但父母的反应令他们大失所望，所以之后再也不告诉，只能在晚上父母睡着之后，才偷偷做这样的事，第二天用衣服将自残处遮挡住，就好像什么都没有发生过。

关于自残和自杀问题，非常复杂，将在后面章节中详细阐释。

以上八种原因可以解释大部分青少年晚上不睡觉的情况。

青少年睡眠问题的解决方法

了解原因之后，如何解决这类问题呢？

一旦孩子出现睡眠问题，家长一定会很着急。不解决睡眠问题，上课就有可能注意力不集中，听课效果就不好，就有可能造成做作业不会，考试成绩下降，这是家长最担心的事情。因此，一旦家长觉得要立即解决睡眠问题，就会去看医生。医生一听，想要解决睡眠问题最快速的方法当然是服药，就会有一定盲目性地给孩子开药。家长拿到药物，心里又开始顾虑了。

- 孩子真的要吃药吗？
- 药物会不会有副作用呢？
- 药物会不会有依赖呢？
- 一旦吃药是不是就停不下来呢？

这些顾虑又使家长陷入两难境地。其实，对于青少年来说，大多数睡眠问题都是不需要服药的。

如果我们判断孩子的情况是心理性的而不是病理性的，一般可以采用非药物的解决方法。对于何为心理性何为病理性，后面会有详述，这里简单说就是心理性问题不一定需要药物，病理性问题几乎一定需要药物。如果只是心理性问题，却采用药物治疗，就叫过度使用药物。对于青春期的孩子，笔者的观点是能不用药的尽量不用药，需要把握好用药的指征，就是用药的必要性，只有必要时才用药。

那么不服药，有哪些可以尝试的非药物疗法呢？

青少年睡眠问题非药物解决方法

方法一 创造轻松的家庭环境

一旦有青少年在家，轻松的家庭环境就变得很难得，因为很多话题都会带来紧张氛围。家长应有意识地调节家庭氛围，尽量在白天减少对孩子约束和压力，让孩子白天也可以做晚上想做的事情，这样到了晚上就可以好好休息。

轻松的家庭氛围常常涉及和孩子的交流互动，家长会困惑用什么样的语言是活泼的、轻松的、没有压力的，用什么样的互动可以让孩子感受到父母的关爱，而不是管束。

游戏从孩子很小时候起就有很大的吸引力，甚至成为一种生命力。这里说的游戏包括大众认为的积极健康的活动，也包括网络游戏或电子游戏。如果家长不希望孩子和同学或网友在晚上打游戏，那么白天是否可以找时间陪伴孩子玩游戏。

家长听到这里可能会感觉很荒唐，觉得"难道我要纵容孩子玩游戏吗？""难道玩游戏成瘾的孩子不要制止吗？"须知这些想法本身就已经对孩子产生压力了。想想看，如果孩子暂时无法从游戏成瘾中摆脱出来，你更愿意他和同学、网友玩游戏，还是和家长玩游戏？你可能会说"都不想"，但想想看，如果家长可以通过和孩子一起玩游戏，和孩子建立好的关系，是不是更有机会帮助孩子走出网瘾困境呢？还有家长可能会说："我上班那么忙，哪有时间陪孩子玩游戏？"家长上班忙可以理解，毕竟生存压力随时都在。但想想看，如果目前来看，游戏是走进孩子内心的重要甚至唯一通道，那么，你作为家长是否愿意牺牲一点时间和精力来走进孩子的内心世界？

方法二 调整好睡前活动

不管是刷视频还是玩游戏，都会让大脑皮层处于兴奋状态，都不利于入睡。就算把游戏放下了，大脑也不能很快从兴奋状态平静下来，做到很快入睡。一般认为，如果你想晚上11点钟入睡，那么晚上9点、10点之后你就不能再去做会刺激你大脑兴奋的事情。

那么什么样的事情是适合睡前做的呢？比如说看书、聊天、安静地听会儿音乐，这些睡前活动都有利于入睡。那么什么样的事情不利于入睡呢？玩手机、打游戏、观看情节紧张的电影，这些睡前活动都不利于入睡。

还有关于运动，笔者的个人经验是睡前一个小时如果过度、剧烈地运动，都不利于入睡。因为运动会让人的大脑分泌多巴胺、内啡肽，这些物质都会让大脑处于兴奋状态。

方法三 调整好卧室环境

灯光、香薰、音乐，避免噪声等，这些都有利于营造睡眠的氛围。

这里需要特别提醒：不建议把手机带到卧室。为什么呢？因为大脑会对手机带进卧室形成条件反射。比如卧室，对于孩子来说就是睡觉的地方，一进卧室就睡觉，大脑形成这样的条件反射后，一进卧室就犯困，一上床就睡着。但如果孩子进了卧室睡在床上，开始玩手机，进卧室形成的条件反射是手机带给他的兴奋感，而不是睡觉的困倦感，所以这个时候卧室引起的就是兴奋的条件反射，而不是困倦睡觉的条件反射。

方法四　睡前要避免造成大脑兴奋的饮食

有些孩子喜欢在晚上吃东西，一边吃一边做作业或玩游戏，不知不觉就吃了很多。从身体健康角度，几乎可以说，晚上不管吃什么食物都是不利的。有一些食物或饮料，如含咖啡因饮料、甜食等，都是让大脑皮层兴奋的食物，睡前都应避开。具体来说，睡前两三小时尽量不碰这些食物或饮料，以免造成入睡困难。

方法五　身体扫描

身体扫描是一种非常有效的改善睡眠的方法。

当我们躺在床上睡不着时，大脑往往会胡思乱想。这时，给大脑一个定向的指令，让大脑顺着这个指令执行。这个指令如果是很单调的、很乏味的、一成不变的，就容易造成催眠效果。就像很多孩子在课堂上能睡着，也是因为有些老师在讲课时风格一成不变，一个语调，一个语气，甚至用词都是重复再重复，也难怪孩子会睡着。同样道理，睡前数数有同样效果，因为数数这件事情太单调了，大脑很快就会进入机械状态，产生一种催眠的效果。

具体来说，身体扫描是指躺在床上对身体来个从脚到头的想象扫描过程。

> **身体扫描**
>
> 我们身体的各个部位是固定的，比如从脚趾头开始，大脚趾、二脚趾、三脚趾、四脚趾、小脚趾，每一个脚趾都用你的想象过一遍，闭着眼睛去想象它们的样子，每想一个部位就传递一个意念：放松。大脚趾放松，我的脚趾头、我的脚背、我的脚心、我的脚跟、我的脚踝，每一个部位都放松。你在心里默念这些身部位时，就去想"放松"这两字，每一个部位越细致越好，包括皮肤、骨头，如果你对解剖了解的话，包括肌肉、神经等，你都可去想象，甚至你的汗毛都可以用来想象。从脚到小腿，再到膝盖、大腿，然后髋部、腹部、背部，前面的是胸部、肩部、手臂、上臂、前臂、手腕、手背、手心、手指，然后就是头部，对每一个部位都进行一次想象扫描和意念传递。你会发现在这个过程中，我们的大脑会被催眠，进入睡觉的状态。

很多人从脚趾头开始想象扫描到小腿就睡着了，这既是一种条件反射，也是一种自我暗示的催眠方法，大家可以尝试一下。

青少年睡眠问题的药物疗法

对于有些家长来说，非药物疗法效果不好，一定要尽快调整失眠问题，一狠心，还是想给孩子服药，下面就介绍一些药物疗法。

对青少年来说，适用的药物并不多，因为很多药物在中国缺乏临床实证研究，即便在美国 FDA 已经审批通过，在中国仍然是未审批状态。根据目前中国药监会的审核结果，来给大家介绍三类药物。

类别一　一般不建议的药物，但很多孩子都在服用

这类药物包括褪黑素、阿戈美拉汀、米氮平、曲唑酮、思诺思、佐匹克隆、右佐匹克隆等。这些药物你的孩子可能吃过，作为医生我们一般不建议用。这里说的"不建议用"不是绝对禁忌，而是因为这些药在 18 岁以下、15 岁以下、12 岁以下的孩子中，中国临床实证研究数据还不足，但临床上确实在用。

从医生的专业角度来说，尽量按照药物说明书服用。如果你的医生给你的孩子开了这些药，需要他给出足够的解释说明，短期服用，及时关注药物副作用。

类别二　可以短期、小剂量使用的药物

这类药物包括阿普唑仑、氯硝西泮、劳拉西泮等，这些药物都属于苯二氮䓬类药物。这类药物都是经典的改善睡眠的药物。这里说的小剂量、短期服用是因为这些药物有一定的依赖性，如果长期服用有可能造成依赖。

药物依赖是什么意思？就是服用就能睡着，不服用就睡不着，并且在不服用时，身体和/或心理都感受到不适，这就叫作药物依赖。从安全角度考虑，这类药物服用期限最好不超过一个月，特殊情况可延长至两个月，在小剂量情况下短期服用这类药物造成的药物依赖风险还是很低的。

类别三　通常不建议的药物，但有相对适应证时可以服用，甚至长期服用

这类药物包括奥氮平、喹硫平等。这两种药物是药性很重的

药物，改善睡眠非常有效，但如果没有适应证不建议吃。什么叫适应证呢？比如说孩子抑郁非常严重，甚至有躁狂、精神类的症状，通常改善睡眠的药物药效不佳，甚至没有效果，那我们可以尝试奥氮平或喹硫平。

这两类药物用途非常广，既可针对抑郁焦虑，又可针对躁狂、双相，还可以针对精神类的问题。药性很重的药不要轻易给孩子吃，副作用很大。

有些医院的医生给青少年首次开药，就会开出奥氮平、喹硫平这类药，造成严重的药物副作用，甚至造成孩子对药物产生心理阴影，从此拒绝服药。

在缺乏适应证的情况下，首诊开药性很重的药物，这种做法并不符合临床治疗原则。

第 2 章
人际关系问题

青少年人际关系问题的主要表现 / 25

青少年人际关系问题的不良影响 / 31

青少年人际关系问题的主要原因 / 33

青少年人际关系问题的解决方法 / 37

人际关系问题

人际关系问题常常是检验青少年心理健康水平的重要指标。

很多家长在认识上有误区,认为孩子只要学习好就可以了,不用想着社交、交朋友。

其实,这里所说的人际关系,并非是指他作为一个学生去社会上交朋友,而是指孩子在与人交流互动时的心理综合状态。比如,孩子跟家人、亲戚、同学、老师、邻居、伙伴相处时,是不是自然、和谐、融洽,相处时会不会过于敏感,会不会过度关注他人对自己的评价,能否自洽地与人互动,是不是很自然去表现自己、展示自己,能不能恰切地表达自己的想法,能不能得体地表达感受,在遇到矛盾冲突时是否能妥善处理等。

如果一个青少年没有朋友,整天一个人宅在家,不出去社交,也不跟人联络,甚至和父母交流都很少,那就算现在没有明显的精神心理状况,也不见得是一个健康状态。至少从表面看社交功能是受损的,可能持续时间久了,真的会出现心理健康问题。除非他有极为丰富的内心世界,可以长期沉浸其中,并且有建设性的产出和回报聊以慰藉,比如写作、从事某种网络工作等。

人际关系状态不仅是检验青少年当下心理健康的重要指标,也是预测青少年将来心理健康状况的重要指标。

很多家长对孩子的关注是外在的。

身高是否达标?
体重是否过重?
学习成绩好不好?
有没有听我的话,按照我的说法做事?

和孩子的交流也是事务性交流。

> 今天都有哪些课？
> 今天放学作业要早点写完，晚上还有小提琴课。
> 这个周末上完奥数，我们去看下医生，你的近视越来越严重了。
> 你都这么胖了，有时间锻炼锻炼吧。

这些交流是不是对孩子的关心和爱护呢？当然是。但是，这种关心和爱护是从家长角度出发的方式，并非是从孩子角度出发的。孩子并不一定能感受到你的关心和爱。孩子更需要从内心得到关注，而家长对孩子的心理状况却很少关注，甚至没有意识到孩子的内在心理状态是需要关注的。

孩子随着年龄增长，心态也是在逐渐变化的，父母也需要应时而动，去关注孩子所关注的，才能与他们同步。

心理学理论认为，6岁以前对孩子影响最大的是谁？是父母。6岁到12岁的孩子对他影响最大的是谁？是老师，小学老师。12岁以后对孩子影响最大的是谁？是他的伙伴、同伴、同龄人。所以，如果你的孩子在6岁以前，你没有充分地陪伴孩子，倾听、理解、引导，在他的生命中留下深刻印迹，建立好亲子关系，那么在12岁以后的青春期，你对他的影响力就越来越小，甚至慢慢产生隔阂，无法走进孩子的内心。

很多孩子到了青春期，已经无法和家长交流，一回家就把自己关在房间里，不想和家长沟通。家长说一句话就惹得他暴怒。对于这种情况，家长们感到很无助。尤其是孩子到了12岁以后，人际关系问题就更加显著。

青少年人际关系问题的主要表现

孩子 6 岁之前的时间是家长可以陪伴孩子的黄金时间，这段时间的陪伴可能会影响家长跟孩子一生的关系。优质的亲子关系，在孩子的一生之中都会带来积极影响。

孩子到了 12 岁，开始关注同伴对自己的评价，甚至有些孩子因为过度关注别人对自己的评价而陷入抑郁焦虑状态。这种过度关注会让他异常敏感，十分在乎别人对他的评价，尤其是来自同学朋辈的评价。如果同学今天说他帅说她漂亮，他可以开心一整天。如果明天有人说他丑说她难看，他可能抑郁好几天。

如果一个孩子那么容易被其他人所影响，他的情绪就很难稳定。

孩子从 12 岁开始，他的心理处于怎样的状态，他关注的是什么，这些关注带给他怎样的影响？他是不是已经陷入精神心理困境之中？家长常常不得而知。

很多经济条件比较好的家庭，可能会在衣着上、物品使用上都比较讲究品牌，孩子之间也会不自觉地比较和攀比，这种攀比就会带来优越感或自卑感。孩子们开始依据彼此的穿着、品牌档次聚成一个圈子，形成一种圈子文化。

> 我们几个人是经常在一起的，你跟我们不是一起的。
> 我如果任何一个圈子都没有融进去，是不是很 low，是不是很逊，是不是很不 popular，是不是头上没光环……

这种圈子文化具有很强排他性，在孩子社交当中就产生很大的社交压力。

人际关系问题是一个概括性表达。对一个孩子来说，如果人际关系有问题，会有哪些具体表现？

表现一 有兴趣交朋友，但不知道怎么做

有兴趣但交不到朋友的原因很多。我们先不探究原因，先从表现上来阐述。孩子有兴趣交朋友，想交朋友也不拒绝交朋友，但是交不到，也不知道该怎么做。可想而知，他是很困惑、很难过、很沮丧、很落寞的。常常因为没有朋友感到孤独、悲伤，甚至抱怨，出现情绪问题。

表现二 有老朋友，但无法交新朋友

孩子在小学里有一些玩得来的老朋友，比如小时候的邻居或幼儿园同学，很早就认识，认识很多年，比较熟悉，是老朋友。但是每换一个新环境，比如小升初，初升高，或者搬家，都没法再去交新朋友。

表现三 不断失去老朋友，与老朋友无法保持友谊

不但交不了新朋友，以前那些老朋友也疏远了，断交了，甚至拉黑了，这是更惨的一种状况。没有新朋友，也失去老朋友。

表现四 社会退缩、回避、焦虑、困难、障碍

不管是老朋友，还是新朋友，都没有。不但如此，连出门都困难，坐在地铁上、公交车上，不敢抬头看人，总觉得别人在盯着自己，好有压力。地铁坐不了，公交车也坐不了，只要人多的地方，都会紧张，甚至在教室里都如坐针毡，虽然坐最后一排、最后一个角落，在最隐蔽的地方，都如坐针毡，只要是在人群中就感到"压力山大"。不管是老朋友，还是新朋友，都不想见，也不敢见。

表现五 根本没兴趣交朋友

你能想象一个孩子根本没有兴趣交朋友吗？现实中确实有这样的孩子。这可能和自闭症等病理性问题或人格类问题有关。那有没有正常的人不想交朋友？也有，比如很孤僻的性格。这就要担心会不会发展成人格问题。关于人格问题，在第11章会有详述。

如果一个人没有任何兴趣交朋友，或者说一旦跟别人在一起就很难受，这种情况就必须要密切关注。不是说一定有问题，但是如果不关注、不引导、不去干预，有可能真的就会出现情绪问题或人格问题。

再看其他人际关系问题的表现形式。

表现六 网络中有朋友，现实中没朋友

为什么？因为他可能会觉得现实中的同龄人都很笨、很蠢，不愿意跟他们交朋友。而在网络上交的朋友都很聪明，年纪稍微大一些，自己跟他们有共同语言。

请注意，我们的孩子如果陷入精神心理困境，很可能表明他们相对于同龄人在认知层面要更深刻，在情感上要更强烈。所以往往和同龄人聊不来，需要有更成熟的伙伴。

当然，父母应该是他们最好的伙伴。但很遗憾，很多父母并不是他们最好的伙伴，甚至反而成为他们的"施害者"，因为不理解他们的孩子。所以这些孩子才会去网络上寻找志同道合的朋友。

表现七 因独特的兴趣爱好，与别人没有共同话题

有些受困孩子的兴趣爱好真的和别人不一样。比如一个13岁的孩子喜欢京剧，但没有多少孩子喜欢京剧，也没有同龄人愿意和他聊京剧。一个11岁的孩子喜欢哲学，那就更没有同龄人可以和他聊这个话题了，因为其他人根本不懂谁是叔本华，谁是尼采。

关于哲学，需要特别说明一下，最好不要让孩子太早接触哲学，因为从笔者个人的角度来看，哲学是研究生命意义终极问题的学科。青春期，在孩子的认知刚刚开始具备抽象思维能力的初期，几乎无法承受这种生命终极问题的重压，以至于在重压之下出现极强的无力感，以至于生病。

表现八 看不上身边朋友，过于挑剔

这种情况表现为孩子就是看不上身边任何人，觉得他们都有问题，不是这里有问题，就是那里有问题，好像有一种"精神洁癖"，觉得自己就是一股清风，是一股清流，是误入人间的天使，觉得自己太厉害了，别人都赶不上，别人都没有自己这种意识，没有这种能力，没有这种敏感，没有这种清醒，好像是众人皆睡我独醒……这种情况，我们需要考虑孩子是不是有人格问题。

为了便于大家理解，我们把青少年人际关系问题的具体特点以对仗的格式总结整理如下，每一条都是八个字，并且有一定相关性。

特点一 心里很想，行动很难

孩子很想交朋友，但是不知道怎么交。很想走出这一步，不知道怎么走出去。很想跟老朋友联系一下，却觉得很尴尬，没办法发出这个信息。

特点二 很多朋友，又没朋友

这个特点是指孩子貌似有很多朋友，但没有一个可以交心的朋友。对于青少年来说，他们还不太有朋友分层的概念。成年人的朋友可以分好几层，有最亲近的朋友，从小到大的发小，男性的称作结义兄弟，女性的叫闺蜜，都是最好的朋友，彼此之间几乎天天联系，天天掏心掏肺的那种，这是内圈的。那往外一点的圈子是一般好朋友，可能是同事，可能是同学，不见得总是可以交心，但平时联系也比较多，偶尔谈谈心。还有更外圈的，就是只认识而已，没有私交，可能是生意上的伙伴，或者是一般同学，都是一些点头之交。

其实成年人的这种外圈、中圈、内圈的朋友概念，对孩子而言，很模糊，还没有形成明确的分层。他觉得好像认识的人很多，但是没有朋友，没有一个人是在内圈，没有一个人可以交心，可以懂我在说什么。这就是很多朋友，又没朋友。

特点三 固定圈子，无法拓展

一个孩子可能幼儿园有伙伴，到了小学、初中、高中，还是这几个人，仍然是所谓的朋友，但没有办法结交新朋友。因为结交新朋友需要花费很多的心力，需要承受得住别人对你审视的眼光,需要不那么在意对方如何看待自己的心态等,太麻烦,太费力。

特点四 多因在己,少因在他

很多时候我们认为,孩子有这种状况、那种状况,都是别人有问题,是别人不理我们的孩子,别人不懂得怎么做。其实我们需要思考,很多时候是不是自己的孩子出了问题。因为不管环境如何,我们总有一条出路是可以冲出去的。从更专业的角度来说,在任何外界刺激和自我反应之间总有一个空间,这个空间就是"认知加工空间"。通过这个认知加工空间,我们可以化解刺激,调整反应,最终达成适应环境的目的。

但是现在很多孩子,一旦受到压力,就容易退缩,退缩是他社交功能受损的一个最重要表现,叫作社交退缩。比如说,没法坐公交车,没法坐地铁,没法打车,那父母就要开车送他;没法上学,就休学;没法出门见人,就宅在家里,一年两年甚至很多年都是这样,社会功能受损就体现在这些方面。

特点五 情绪不稳,动辄断交

很多人在社交方面会受到情绪困扰。本来是多年的老朋友,但是不知为何,莫名其妙的一件小事就引发了很大的脾气,把对方臭骂一顿,或者把别人拉黑,吵架之后又道歉,拉黑以后又后悔,又想加回来。这种情绪不稳很容易造成人际关系不稳定,它体现的是内在自我的不确定,甚至可能有创伤问题或人格问题。关于创伤问题,第 10 章中会有详述。

以上是青少年社交问题的主要特点,我们对每个特点都进行了一些解释。了解了青少年社交问题的表现和特点,接下来谈一下社交问题的不良影响。

青少年人际关系问题的不良影响

现在很多家长觉得,孩子只要学习好就够了,没有朋友有什么大不了,不会社交有什么关系,这不是现在要考虑的问题。这种说法,也对,也不对。

说对,是因为孩子目前的主要任务确实是学习,没错。

但是也不对,为什么?

我们要关注孩子在与人相处过程中的心理状态以及由这种心理状态带来的行为模式。

首先看孩子跟父母沟通互动的模式如何。如果孩子跟父母交流出了问题,那么成年以后,他跟别人互动也很可能会有问题,因为人最早、最主要的社交模式就是跟父母的交流模式。

说话不好听,带脏话;常常用命令句、祈使句;说话不抬头看人,头发留得很长,把眼睛一挡,不看人。这些状态好像在青春期没什么大不了,但是请关注孩子这个状态的发展趋势,看这些根深蒂固的习惯在以后的社交当中是否会成为障碍。

具体来说不良影响到底有哪些呢?

影响一 渐行孤僻,离群索居

那些真正出不了门的孩子会有一个想法,就是到深山老林去生活,不见人。有些孩子甚至连父母都不见,吃饭都不在一起吃。这种情况对心理健康非常不利,对外面世界很难适应。

> 一位18岁青少年，在家三个月不出门，家里有一点微小声音，就是那种勺子碰碗的声音，他都会觉得受不了。为什么？因为家里太安静了，他已经习惯了这种安静的氛围，哪怕有一个微小声音，他都觉得很吵。你想想，勺子碰碗就"叮叮当当"一下，能有多吵？但他就觉得受不了，会为有这样的声音感到很烦躁。更别说在街上，听到那么多汽车喇叭"叭叭叭叭"，很多声音"哈哈哈哈"，有各种各样噪声的时候，他根本受不了，无法适应外界的环境。

为什么有些人会出现光过敏、声过敏，还有温度过敏，这些过敏都体现出这个人在环境适应方面，能力逐渐减退。这种减退很可能是因为在家待得太久了，去外面的环境太少了，以至于他适应的能力越来越弱。

我们可以想象一下，如果他没上大学，可能还好，一旦上了大学，换了个新的城市、新的环境，甚至去了新的国家，他能不能够适应那个环境？有多少学生在国外上大学第一年就被退回去，没办法适应；有多少学生在大学第一年自残，甚至自杀。

影响二 功能退化

这里的功能退化，指的不仅是听力理解的功能，说话表达的功能。很多孩子在家里不说话，他的语言表达功能会退化。他听别人说话的时候，理解功能也会退化，反应能力也会变慢，这些都是功能退化的表现，而且愈演愈烈。不仅听、说功能退化，天天在家待着，动力就会不足，变得倦怠，走出房间门都觉得累，体力也越来越不好,更别说适应外界环境的能力就更弱,这就是功能的全面退化。

影响三 社交隔离加重抑郁

人有社会属性。社会属性是什么意思?人需要在一个社会环境当中,跟人互动,跟人联结,有交流,有信息交换,有思想碰撞,有情感碰撞,这些都叫社会属性。

这种社会属性保证了我们的身体健康和情绪健康。如果这种社会属性没有被体现出来,社会需要没有被满足,那么人的情绪很容易变得不好,加重抑郁。所以很多时候,我们会认为社交障碍是抑郁的一种症状,也是抑郁的一种促发因素,就是说,社交问题造成抑郁,抑郁加重社交问题,它们是相辅相成的一个恶性循环。

理解了人际关系问题的表现和不良影响之后,我们再来看原因。

青少年人际关系问题的主要原因

很多原因可以造成孩子的人际关系问题。这些原因大体可以分为心理性原因和病理性原因两种。

心理性因素多造成心理性症状,但是有时也可以造成病理性症状。比如,孩子就是没有办法面对某一位老师,这可能是一种心理问题,因为这位老师曾经批评过他,他暂时不想去上学,但休息调整一下之后就可以去了,这就是心理性症状。如果总是没办法面对,一年两年都没有办法面对,想面对但做不到,那可能就是病理性症状。从这个角度来说,心理因素造成的心理症状常常是短暂存在的状态,而病理性症状是长期存在的状态。

病理性因素造成病理性症状,也可以造成心理性症状。很多时候病理性问题同时伴随心理性问题。所以我们谈一个问题是病理性的时候,并不否认同时存在心理性问题。

在心理性因素和病理性因素之外,还有一个重要因素,即环境性因素。

什么是环境性因素?家庭环境、社会环境、学校环境、文化环境等,都是环境因素。比如父母吵架,三代同堂教养方式意见不合;比如去国外上学,要到一个新的学校,要去一个寄宿家庭生活,要面对一种新的文化氛围,这些都是环境性因素。环境性因素既可以造成心理性症状,也可以造成病理性症状。

我们可以按照心理性、病理性和环境性三个维度来思考青少年出现人际关系问题的原因。

原因一 环境变化

环境变化明显是一个环境因素。孩子不管是小升初,还是初升高,还是去读大学,不管是在国内读,还是去其他国家上学,抑或是搬家到另一个城市上学,或转学到一个更加好的学校,不管是国际学校、私立学校还是公立学校,都有可能发生环境变化,环境变化就是一个刺激因素。

当孩子受到环境刺激因素影响,无法适应,也无法交朋友。

这给我们家长一个重要提醒,当我们决定给孩子换一个环境或者家庭决定换一个环境,需要考虑这个环境变化程度对孩子来说意味着什么,他是否能接受和适应这个环境变化。如果出现不适应的情况,我们家长需要采取哪些措施帮助孩子适应,而不是盲目地以为孩子自然而然可以适应环境变化。

有些家长把青春期十三四岁的孩子一个人放在国外读书，居住在不太熟悉的寄宿家庭里，从精神科医生的角度来看，这是很不明智的。一是因为青春期的孩子面临很多很大的困惑，需要家长时时给予指导、关注、支持和陪伴，否则可能会出现心理问题。二是跨国文化差异带来的冲击更大，语言还听不太懂，就更别说适应文化了，没有多少孩子在这样的情况下不出问题的。

原因二 自卑心理

自卑心理可以是心理因素，也可以发展成为病理因素。孩子因为自己某方面条件不好而产生自卑心理。觉得我这个鼻子长得不好看、眼睛太小、头发太少、身材太矮、牙齿龅牙、家庭经济条件不好等这些原因，都可以造成自卑心理。这些客观因素是否会造成自卑心理，取决于孩子所处的大小环境。

大环境是指学校和社会，是否存在攀比之风，是否存在圈子文化。圈子文化会看重你的颜值够不够、身材好不好、有没有背名牌包、家里有没有钱等。如果孩子被某个圈子文化所排斥，他是否能接受和适应。

小环境是指家庭里父母是否给予正确的引导，培养孩子积极健康的价值观。很多时候，孩子看待某种客观条件时并非站在成年人的角度。比如，居住条件虽然很不好，但家庭很有爱，很欢乐，孩子就会觉得幸福。除非，到了学校，被攀比之风和圈子文化影响，意识到自己家庭条件不好，开始困惑。这时候，如果家长仍能够给予积极有效的引导，还是可以造就积极健康的孩子。

原因三 过度在意别人对自己的评价

> 小　A：你是不是讨厌我？
> 小　B：没有啊！
> 小　A：你就是讨厌我！
> 小　B：真的没有啊！
> 小　A：你真的真的就是讨厌我了！
> 小　B：那好吧。
> 小　A：你看啊，我说你讨厌我吧！
> ……

有些孩子先入为主地认为别人对自己有负面评价，然后想方设法去证明，"你就是这样讨厌我，因为我很差"。他很在意别人的看法，很想得到别人的肯定，又不能相信别人对他的肯定。

> 小　C：你长得真美！
> 小　D：很多人都这么说，但我从来不相信。

其实她长得真的很美，但就是无法相信别人对她说她很美。这个就是先入为主的想法，总觉得别人对她抱有负面看法。一旦这种负面看法被验证了，孩子就会变得情绪不稳。

原因四 父母有人际关系问题

成长过程中父母本身就不善交际，也会间接影响孩子。如果父母就是不善交际，也没有什么好朋友，那么要求孩子善于社交或者仅是与人自然相处都是不公平的。我们在批评孩子时，首先要考虑家长自己在这方面做得好不好，如果家长自己都没做好，那我们先改变自己，才能够带动孩子。

青少年人际关系问题的解决方法

在谈解决方法之前，我们需要先了解一下心理性症状和病理性症状的区别。

心理性症状是指症状表现更多涉及的是心理认知层面的因素，更少甚至几乎不涉及大脑神经化学层面的因素。病理性问题是指更多涉及大脑神经化学层面的因素，同时伴有心理认知层面因素。

但需要澄清的是，大脑神经化学层面的因素和心理认知层面的因素其实是相互影响的，这就造成了所谓的心理性症状和病理性症状是一个连续谱的概念，并没有明确边界。

心理性症状是被卡住的状态，即想做但是暂时被卡住而做不到，它是一种暂时状态。病理性症状是想做而做不到，经过努力仍然做不到。

> 举例来说，孩子很想复学，回到学校，但做不到。有些家长困惑：孩子在家休学一年，在家时看上去都好好的，他到底是心理性症状还是病理性症状？其实孩子内心想不想回去上学，这个是判断标准。如果这个孩子

> 根本就不想回去上学，也不会为此做出努力，甚至根本就没有"做"的动作，就不涉及"做不到"。只有他很想回去上学，但是他努力几次都没办法做到，这才是病理性症状。
>
> 想象一下，孩子走到学校门口，开始紧张、恐惧、浑身发抖、出汗，说不行、做不到，要回家。他几次跟父母说我今天一定要回校，甚至开始学课外班，但是只能一对一，上不了一对多的课程，只要一对多就受不了，更别说回学校有那么多同学、老师了。他不能接受留级带来的耻辱，也不能回到原来的学校去，他真的是想做而做不到，这个时候就可以说是病理性症状。病理性症状常常是想做并且努力尝试，但就是做不到。

孩子也可能既有心理性问题，又有病理性问题，但是会有主次之分，是以心理性问题表现为主，还是病理性表现为主。对于心理性问题，我们以心理治疗为主，必要时辅以药物。对于病理性症状，以药物治疗为主，同时必须进行心理治疗。

很多孩子首诊时的状态很可能只是一种心理性症状，但医生一般都是先开药，甚至在孩子还不一定需要服药时就开始服药，而且多半是多种药物大剂量联合用药，副作用马上就体现出来了，头晕、嗜睡、注意力不集中、倦怠、乏力、思维能力明显下降等。这样，就很难分辨这些是原发症状还是药物副作用。孩子被药物影响之后不一定会更好，甚至可能更糟，因为他的问题根本不是药物能够解决的，是心理问题。

但如果已经是病理性症状，却一直用心理咨询去解决也不妥，因为病理性症状比较严重，又持续很长时间，一年两年，花了很多钱做心理治疗效果却不好。往往需要先用药物改善基本症状，为心理治疗打下一个基础之后再实施心理治疗才有效果。

> **抑郁症连续谱**
>
> 我们以抑郁为例。抑郁症状是一个连续谱，从抑郁情绪到恶劣心境，到轻度抑郁症，中度抑郁症，重度抑郁症，极重度抑郁症，伴有精神病性症状的抑郁症等。抑郁症不都是一样的，一个抑郁就可以有这么多的表达和不同的严重程度，要看到底是在哪一个程度上。一般在抑郁情绪状态下，不一定影响功能，相对正常。在恶劣心境和轻度抑郁症状下也不一定影响功能。但是到了中度抑郁症时就一定影响功能，到了重度抑郁症时就会明显、严重影响功能，到了极重度抑郁症的时候，就很可能需要住院治疗，而带有精神病性症状的抑郁症，那就需要联合用药了。

基于以上了解，看下可否更多认识到你的孩子如果出现人际关系问题，是已经到了需要服药的程度，还是不需要服药也完全可以好起来。

比如，一个14岁女孩对自己的外貌不满意。大家说是心理性问题，还是病理性问题？很多家长觉得14岁青春期的女孩子看重外貌很正常，只是心理问题。那么请具体参考以下女孩和妈妈的对话。

小　　E：妈，我的眼睛太小了，我要去割双眼皮，我现在就要去割，虽然我只有14岁。

妈　　妈：割吧，爱美之心人皆有之。

（割完之后，她又提要求了。）

小　　E：妈，我的鼻子太塌了，我要把鼻子垫起来，像欧美女孩一样，那才漂亮，有立体感。

妈　　妈：垫鼻子？你才14岁！

小　　E：对啊，我14岁，必须要垫。你要是不让我做这个手术，我就自残，我就自杀。

（没过多久，她又提要求。）

小　　E：妈，我觉得我太矮了，我要接骨，让自己长5厘米。

如果到这个程度，你会发现这已经显然不是心理性问题了，而是病理性问题。

有一种病症叫"躯体变形障碍"。患有这种病症的孩子难以控制他们的负性思维，不管别人怎么说都不相信，选择性忽略别人对他们外貌的正面评价。这种思维方式会给他们造成严重的情绪困扰，干扰他们正常的生活和社会功能，他们可能拒绝上学或上班，逃避社交情境，甚至将自己与家人、朋友隔绝起来，因为他们担心别人会注意到自身所谓的"缺陷"，甚至有可能去做不必要的整形手术，自认为必须做手术，不做手术就无法见人，而且做一次还不行，要再做一次，一次又一次。一位躯体变形障碍患者做过七次整形手术。各个部位，做完一个换另一个，有些做得成功，有些做得不成功。每次做完手术不久，就会再次发起对手术部位或其他部位的不满意，这就是躯体变形障碍，是一种病理性问题。

很多孩子因对自我形象无法接受，造成了严重的人际关系障碍。

所以，同一种因素可能带来心理性问题，也有可能发展成病理性问题，都有可能。

再看一下过度在意别人评价是心理性问题还是病理性问题。

如果孩子过度在意的是父亲的评价，母亲的评价，同学老师的评价，那有什么问题？但请注意啊，这里说的是"过度在意"。如果说只是"在意"，那可能是心理问题，但如果是过度在意，就比较严重。再比如，有天我走在大街上，一个我完全不认识的人，他给我一个嫌弃的眼神，我都觉得他在说我长得难看，我都觉得他的评价可以影响我一整天，甚至好几天，他只要说我丑，我就受不了。如果连完全不认识的大街上的人随便说一句，我就受不了，那么说明这个问题是很严重了。

因此，"心理"（Psychological）和"病理"（Pathological）就是一条连续谱，很难界定说到了这种表现程度就是心理，那种表现程度就是病理。但我们在任何一个连续谱上都可以做基本的分辨，这个分辨标准就是是否影响功能。

就拿过度看重其他人意见这件事来说，如果只是看重情侣的看法，没什么问题，对吗？因为我们之间有着亲密关系。我只看重父亲母亲对我的看法，也没关系。但如果是看重很多人的看法，甚至陌生人或完全不相关的人的看法，这就叫作"泛化"（generalization）。

所以，心理和病理有一个重要界限叫作是否泛化。这个关键点在精神科评估时是一个非常重要的信息。

交友受挫，被同学朋友背叛。这种问题是心理性的还是病理性呢？

家长不要低估这种孩子之间的友谊破裂事件。有些孩子被他最好的朋友背叛之后，然后整个人就封闭起来。这种事件对孩子的影响是蛮大的，甚至可以形成创伤效应，以至于孩子以后都无法再信任他人，无法再自然交朋友。这些事情如果家长不知道不了解，那是家长失责。

鼓励家长多去了解孩子。如果你说孩子不肯告诉我呀，那仍然是你的交流方式不够好，鼓励家长学习更好的教育方式，帮助孩子打开内心。

在某个学生阶段发生糗事同样可以成为心理性问题，也可以成为病理性问题。

> 某次考试中，全班同学只有他一个人不及格。
> 上课时放了个响屁，被大家听到了，嘲笑他好几分钟。
> 偷别人东西被发现了。

这些事情既可以造成心理问题，也可以造成病理问题。还有抑郁症自带的不安全感，焦虑症自带的不安全感。显而易见，如果已经达到病症的程度，那么就是具有病理特征。这些都有可能造成孩子社交问题。

在了解了人际关系问题的表现和原因之后，我们来看下有哪些解决方法。

我们首先看非药物的解决方法。毕竟很多家长都不愿意让自己的孩子服药。心情可以理解。这里先给大家介绍非药物解决方法。

青少年人际关系问题非药物解决方法

方法一 个人或结伴参加校外兴趣俱乐部

现在很多孩子喜欢表演,如果有条件可以报一个表演训练班;孩子喜欢各种各样棋类游戏,那我们就报围棋、军棋、象棋训练班;孩子喜欢游泳,就报一个游泳训练班。在这样一个兴趣班里,他有机会去结识同学,拓展人际关系。兴趣班就像一个共同体,大家怀着相似的动机、做着相似的动作、以期达到相似的结果。如果平时与人交流互动有困难,那么在这样一个共同体中,他们相对容易与人建立关系。

在这个过程当中,家长可以进行适当引导,促进孩子与同学的互动。

> 妈　　妈：妈妈今天做了一些饼干,你愿意带给同学吃吗?
> 小　F：好的。
> 妈　　妈：那你跟他们分享饼干时会怎么说呢?
> 小　F：这是我妈妈做的,很好吃,分享给你。

在这个过程中,很自然就会让孩子跟同学有些互动。他会发现：当我在给同学带礼物的时候,别人很开心,也很喜欢吃。他们会很感谢他,会跟他多说两句话,他也觉得很开心。这样的互动过程就会帮助孩子有一些拓展。

当然,参加兴趣班需要根据孩子年龄和兴趣班的适合程度以及风险进行相应评估。

方法二 家庭带动力

如果家长有一些朋友的孩子跟自己孩子年龄相仿，就可以邀请这个家庭到家里来做客，或者邀约一起到一个室外场地、餐厅或游乐场所，一起互动。家长彼此聊天，孩子就可以很自然地玩到一起。当孩子单独与他人在一起时，没有足够安全感，无法轻松与人互动，但是如果有家长陪伴，双方家长都在，孩子的安全感就会大大提高，这个时候他会比较放心地去跟对方接触，甚至在双方家长的撮合之下，两个或多个孩子会自主互动，这个环境和陪伴对他来说是一种社交鼓励。

方法三 心理治疗

前面说到，如果只是心理问题，可能只是需要心理疏导、心理治疗。那么关于心理治疗，作为一名精神科医生和心理咨询师，笔者认为对于受困的青少年来说通常是有必要的。不管哪一类问题，连精神分裂症这种明确的精神障碍，都可以在心理治疗中受益，就更别说普通的情绪问题，更可以通过心理治疗受益。

据个人临床工作经验来看，很多孩子的人际关系问题背后是心理因素造成的，尤其是身份焦虑这个因素。

什么是身份焦虑？要想了解身份焦虑，首先需要了解身份价值。

> **身份价值**
>
> 身份价值是指因着自我身份而有的价值感。
>
> 如果我认为我的身份是因为拥有财富而有价值，那我的价值感就会随着财富多少而起伏。有财富，即有价

值感；没有财富，即没有价值感。

如果我认为我的身份是因为拥有人脉关系而有价值，那我的价值感就会随着人脉关系多少而波动。我有人脉，即有价值感；人脉消失了，即没有价值感。

如果我认为我的身份是因为拥有某种社会地位而有价值，那我的价值感就会被这份社会地位的有无而限定。有这个社会地位，即有价值感；没有这个社会地位，即没有价值感。

如果我认为我的身份不是因为拥有任何事物、关系、资源、地位或任何身外之物，而是固有的内在自我价值，那我的价值感就相对稳定，即便孑然一身也有价值感伴随着我。

这种身份价值感，对于青少年，对于成人，同样适用。一个有身份价值感的孩子，身份焦虑就会少很多，情绪更加稳定。但在青春期，有多少孩子可以如此笃定地认识到自己的身份价值呢？如果孩子做不到，那么家长就需要帮助孩子建立身份价值感。

如何建立身份价值感呢？想要建立身份价值感，就要先了解什么是自我身份感。

> **自我身份感**
>
> 我是怎样的人，我有怎样的特质，怎样的优势和劣势，我有怎样的兴趣和特长，我有怎样的潜力有待挖掘，我有怎样的目标和梦想，我是否有长期发展的

> 动力；我是否有积极的心理机制，可以应对环境的压力，可以面对常常不如意的人生世事；我跟怎样的人合得来，怎样的人合不来，怎样的人曾经带给我快乐，怎样的人曾经伤害过我。这些问题都涉及自我身份感。

从更深的角度来说，人际关系这个问题，很大程度上反映的是一个人如何看待自己，也就是自我身份感。

不管是学习方面、智力方面、家庭背景方面，还是长相方面、身材方面、运动方面，都会在人际互动中反馈出自己给自己的定位和划类的过程。也可以说青春期孩子的社交状况、人际关系状况，在很大程度上反映了他的心理状态，反映了他的价值观、情绪管理能力、承受压力能力、应对挫败能力等。

了解了自己的自我身份感，了解了自己是谁，才能对自己产生价值感。有了身份价值感，才能在人际关系中稳定。在心理治疗中，解决身份价值感的问题是解决人际关系问题的核心。

心理治疗分很多种形式。我们通常所知道的是一对一这种治疗方式，但其实还有家庭治疗，即受困青少年当事人和父母甚至有时和兄弟姐妹一起做治疗。还有医生单独面对家长，针对家庭系统动力对家长进行辅导，再有团体治疗等，都是心理治疗的不同种类。

关于心理治疗，我们会谈三种形式，分别是个体心理治疗、团体治疗和家庭治疗。

个体心理治疗 个体心理治疗更加注重梳理个体的心理状态、心理过程，目前存在的心理问题是如何形成的，进而找到解决问题的方法，并在解决过程中发现更多心理特质，在这些心理特质上工作，提高个体对自己的觉察能力和自我改变能力。

对于青少年来说，虽然认知发展有限，无法像成年人一样深度探索内心世界，探索心理逻辑和原理，但青春期的孩子已经具备一些自我意识，并且在自我经验中体会到一些卡点，是可以做针对性探讨的。更何况对于已经出现心理问题的孩子来说，他们往往会比同龄人更具备情绪敏感性、心智敏锐性，对自己的人生体验也更有反思性，这就具备了心理治疗可以深度挖掘的条件。

在个体心理治疗当中，咨询师可能还会通过心理情景剧、角色扮演等形式帮助孩子模拟社交场景，也会对人际关系问题做些探索。

团体治疗 团体治疗是一种相对新型的治疗方式，对个体心理治疗是非常好的互补。通过团体互动，期待青少年彼此之间可以建立关系，形成互助联盟，并且通过专业学习和技能训练，带给他们更加稳定的情绪状态、更加积极的学习状态、更加协调的认知状态、更加自如的人际状态、更加丰盈的自我状态。有各种各样心理问题的孩子都可以来参加，只要没有那么强烈的自杀风险，都鼓励其参加。

团体治疗就更接近一个团体场景，能够帮助孩子在团体当中发现自己的社交模式和特点，发现自己是怎样退缩的，怎样回避社交的。大部分团体中，他是无处可退的，他必须参与，必须出席，必须露脸，那么即便他不说话，团体带领者也能够帮助孩子在这个环境当中找到自己的角色和定位。有些团体也会给孩子足够的空间和自由，比如线上团体，可以开视频也可以不开视频，可以讲话也可以不讲话，至少团体初期，在孩子还不熟悉，也没有对团体建立安全感的情况下给孩子留有退缩的空间,后面可以慢慢融入团体。团体治疗在国内其实并没有太久的历史,但在国外非常流行,甚至在澳大利亚、美国,保险公司都有保险赔付。

家庭治疗 家庭治疗是另外一种心理治疗方式。在家庭互动当中,我们可以看到孩子跟父母的互动模式,也会看到父母之间的互动模式。家庭治疗是把家庭成员之间彼此的动力展示在咨询室里,通过咨询师的观察反馈给家庭成员,让大家觉察到在平时没有觉察的互动模式和动力,由此做出调整和改善。

在家庭治疗当中,咨询师会看见很多奇妙现象。当咨询师邀请父母和孩子走进咨询室,他们如何就坐就可以初步体现家庭动力。比如,咨询师有一张双人沙发,还有一把椅子,那么,哪两个人会坐在沙发上,是父母坐在沙发上,孩子一个人坐在椅子上,还是孩子和父母中的一位坐在沙发上,另外一位坐在椅子上,是父母中的哪位和孩子坐在一起,这个坐在一起的动作过程是谁主动谁被动。

孙医生:我发现你好像很自然就和妈妈坐在一起,爸爸坐在另外一边,你平时是和妈妈交流比较多吗?
小 G:是啊,爸爸整天不在家,见都见不到,跟他有什么交流?没什么交流,一说话就骂我。
(这里很自然就体现出孩子对爸爸的反感态度。)
爸 爸:唉,我不是工作忙,总出差嘛,我不是还带你去迪士尼玩过吗?
小 G:噢,一年就一次,那也叫玩?

刚进咨询室的间断对话就可以将家庭动力非常充分地彰显出来。家长就会看到，"哦，原来孩子是这样看我""原来我总出差，孩子是对我有意见的，我之前都不知道。"

孩子跟爸爸说话的方式和跟妈妈说话的方式通常来说是不一样的。说话方式、语气、态度都在展示与谈话对象的关系状态。还有父母之间的互动也会表现得非常明显，甚至有些父母在咨询室都会在孩子和咨询师面前吵起来，就会看到孩子面对父母吵架的态度和应对方式。有些孩子一脸无奈，转过头玩手机，有些孩子难过地哭起来，有些孩子一脸愤怒，大吼大叫，转身离开。

咨询师会很敏锐地捕捉和反馈这些要点，让父母意识到在这个家庭当中，彼此的关系动力到底出了什么问题，阻力到底在哪里，问题的症结点在哪里？

青少年人际关系问题药物解决方法

接下来我们说说药物解决方法。说到药物，需要先了解药物能够解决哪些问题，不能解决哪些问题。

首先，药物可以改善睡眠，改善食欲，改善情绪，提升情绪，促进情绪稳定性，增加兴趣，提升体力和动力，有些药物一定程度上还可以改善基础认知，比如注意力、记忆力、思维理解力等。但药物不能解决或几乎不能改善的问题包括：自我认知，即我如何看待自己；人际认知，即我如何看待人际相处，如何看待他人；心理动力机制，即如何设定目标，如何以动力激发行动，致使达成目标，以及世界观、人生观和价值观等问题。这些都是药物很难触及的部分，而是需要心理辅导。

针对抑郁症使用抗抑郁药，针对焦虑症使用抗焦虑药，这些都是常用药物。很多种类的药物都可以改善孩子面对社会情境产生的强烈情绪反应，比如百忧解、左洛复等。这些药物在美国、中国都得到了药监局的审批，在青少年当中可以使用。但有些孩子对这些药物的反应比较大，尤其是刚开始服药的几天，会有腹痛、腹泻等胃肠道不适，头痛、头晕等神经系统不适感，还有些孩子会嗜睡、注意力不集中。但请相信，这些副作用只在少数孩子身上发生，而且一般来说不超过一周就会自动消失。

很多家长一看到有副作用，马上停药，就会很可惜，因为这样就错过了后期药物稳定的药效。

除此之外，还有情感稳定剂。情感稳定剂是在情绪比较暴躁或躁狂的时候，甚至被诊断为双相情感障碍的时候才会使用，常用的情感稳定剂包括锂盐、拉莫三嗪、丙戊酸盐这三种。每种药物都有适应证和禁忌证。请千万遵医嘱使用药物，不要擅自使用。

第 3 章
网瘾问题

青少年网瘾的主要表现 / 53

青少年网瘾的主要原因 / 58

青少年网瘾的评估诊断 / 65

青少年网瘾的解决方法 / 67

网瘾问题

网瘾问题在青少年中普遍存在。

家长发现孩子花很多时间在手机或电脑上打游戏,焦急万分,怎么劝说都无效。如果强行切断网络,还会造成和孩子的激烈冲突。一旦冲突,亲子关系就会受到影响,更加不容易沟通。

很遗憾,目前全世界范围内都没有直接针对网瘾的药物,可以有效医治网瘾,也缺乏临床印证有效的普遍认可的心理治疗范式。

为了避免青少年网络成瘾,国家已经对网络游戏出台了一些防控措施,比如限定未成年人持续在线时间,限定未成年人接触某些网站或游戏。这些举措已经初见成效。

但是,这些举措只是在外在层面施加的限制,并未解决内在的根本问题。比如,心理空虚,没有建立起自律,动力机制缺乏,应对压力能力欠缺等。

青少年网瘾的主要表现

网瘾的基本定义是个体强烈渴望上网的倾向与行为。明知自己沉迷于网络已带来身体、心理的危害,严重影响正常生活,但是还一再沉溺其中,并且上网越来越多,甚至无法上网时就会不安、激动以至于情绪失控。

在这个定义中有三个特点,分别是失控、耐受和戒断。

首先看失控。失控是指有强烈的渴望要上网,不上不行。有一些孩子虽然每天上网 8 小时,甚至 10 小时,但是他真的很想上网吗？未必。但他为什么会上网呢？因为没事干，因为休学在家，没有朋友，没有其他的兴趣爱好，只能上网玩游戏打发时间。这种情况他是有强烈渴望的吗？没有。他不玩也行，但是就很无聊了，这是网瘾吗？不一定是。

很多家长看到孩子每天玩十几个小时游戏就是网瘾，其实不一定。

失控还会体现在上网玩游戏的行为已经对身体和心理产生危害。比如说对睡眠的影响、对吃饭的影响、对体力的影响、对情绪的影响。这些都影响日常生活的功能，但是很多孩子已经休学在家就谈不上有什么影响，看不出来，好像并没有影响，但其实休学本身就是一种功能受损，因为无法完成作为学生的功能。

再说耐受。在药理学上，药物耐受就是指同样的药物剂量已经无法达到之前同样的效果，需要加量才可以。玩游戏成瘾的耐受是指同样的游戏时间已经不能像之前一样带来足够的快感，需要再玩多一点时间或再玩一个更刺激的游戏才可以感受到快感。可以想象，一旦出现耐受问题，孩子玩游戏的时间会越来越多，甚至整天都泡在游戏上。

最后说戒断反应。大家知道，一个吸毒成瘾的人一旦毒瘾发作，就会浑身发冷，鼻涕横流，眼神发呆，满脸写着"快给我吸一口吧！不然我就死了！"。网瘾的感觉是类似的，一旦有什么情况造成无法玩游戏，就会浑身难受，百爪挠心。

虽然网瘾在分类时我们把它列为一种行为成瘾，或者是过程成瘾（Process Addiction），它不是物质成瘾（Substance Addiction），但是它们的机制是相似的。

这里需要针对成瘾行为和习惯行为进行区分。习惯行为是占据日常生活相对固定时间的，以某种相对固定模式从事的活动。

这种习惯行为如果因为某些条件限制无法实施，可能只是有些不舒服、不适应，但不至于到很难受、很抓狂、很烦躁的程度。如果玩游戏已经到了成瘾的地步，那一定比习惯行为要严重很多。举例来说，如果你只是习惯性喝咖啡，某一天因为有事耽搁，无法喝咖啡，你会有什么感觉？不舒服，不适应，身体稍微有难受，精神不太好，注意力不太好，情绪不高，也就差不多是这样了。但如果你是咖啡依赖或成瘾了，某一天不喝咖啡，你会怎么样呢？恐怕会浑身难受，困倦无力，无法工作，情绪易激惹，动不动就大发脾气，那么就要小心是不是已经咖啡依赖了，甚至成瘾了。

接下来具体来看看游戏成瘾的表现有哪些区别于习惯行为的特点。

区别点一　游戏主导性

游戏成瘾者在游戏上所花时间是大量的，是主导生活的，是影响生活其他功能的，几乎无法学习、无法出门正常社交、无法正常参与日常生活活动，甚至吃饭都不是在常规点，而是在起床后、在游戏间隙、在不得不吃的时候吃饭。而习惯性玩游戏可能只是每天固定花一些时间，未必主导生活或影响其他功能，该学习学习，该生活生活。

区别点二　渐趋失控性

游戏成瘾者在游戏上所花时间呈现越来越多的趋势，而且明知已经影响正常生活，却还是控制不住，呈现渐趋失控的状态。而习惯性打游戏并未呈现逐渐增加时间或失控的趋势。

区别点三　戒断反应性

游戏成瘾者在因任何状况无法打游戏时，呈现出不可抑制的"戒断反应"，即烦躁、易怒、注意力不集中、乏力、困倦，还会动不动就发脾气等。而习惯性打游戏未必出现这些情况，只是觉得不舒服、不适应、不习惯而已，但总体可以克服。

以上三点供大家参考如何分辨孩子只是习惯性打游戏，还是已经呈现成瘾的趋势。

另外，还有一些孩子玩游戏并非成瘾，而是"假性成瘾"。"假性成瘾"又是什么概念呢？"假性成瘾"是指很多孩子虽然每天花很多时间在游戏上，但实际上对游戏本身并没有那么大兴趣，甚至不觉得有什么好玩的，只是在游戏之外，没有生活，没有目标，没有动力。对于这种情况，如果能重新找到生活的目标和意义感，就可以迅速抛开游戏，投入生活。

我们需要理解孩子沉迷网络的体验到底是怎样的，才能真正走进孩子的内心。接下来，将从心理的角度详细描述网络成瘾孩子的内心世界的特点。

特点一　现实世界压力太大，网络世界清净

对有些孩子来说，现实世界有太多压力，爸爸妈妈、爷爷奶奶、姥姥姥爷整天跟他说这说那，即便不是想要给他压力，都会无形中带来压力。还有老师的期待，同学的竞争等，好像在现实世界当中他完全不能自控，完全不能掌控，不停地被施加压力，他觉得太烦了，所以进到了网络世界。网络世界是清净的，有一片清静的天空，能够按照自己的想法去做想做的事情。

特点二　网络世界里重新做人

孩子或因为自己长相不好，或因为家境不好，或因为学习不好，在现实社会当中没有价值感、自尊感，不被看重，也好像看不到盼头，走到哪里都抬不起头来。所以，不想见现实生活中的熟人，想要逃到一个完全陌生的世界，就是网络世界。在网络世界可以重新做人，可以做一个非常漂亮的人，有一个非常漂亮的人生。在网络世界里，没有人认识他，他可以改名换姓重新开始。他想要隐藏在角落里面就隐藏在角落里面，安安静静地享受一份清静；想要去抢占风头就抢占风头，冲锋陷阵，打一场漂亮的仗，创下一个纪录，都是被纪念的高光时刻，也是孩子内心深处的表达。

特点三　网络世界不用负责任

网络世界可以做真实的自己。我想说什么就说什么，我想做什么就做什么，而在现实世界当中，我的言语行为都有可能受控于某种规则、纪律、标准、期待，这些都让我在现实世界当中不能做真实的自己。如果你的孩子有这样的想法，你要思考他的现实世界到底怎么了？现实世界怎么限制住他了，现实世界怎么因禁他了，他得不到自由，才想要去网络世界获得自由。

特点四　网络世界可以交朋友，现实世界没有任何朋友

在现实世界中，因为不自信，不懂如何社交，总是交不到朋友，但在网络世界，好像交朋友相对容易，大家一起玩游戏，就可以交个游戏朋友。在游戏中聊着聊着，就可以聊一些生活中的事情，慢慢就成了"网友"。

特点五　网络世界可以暂时忘掉现实中的苦恼

如果现实世界里，到处都是压力苦恼，那么网络世界好像可以让人暂时忘记这一切，享受其中的乐趣，有闯关成功的成就感，有与人的联结感，有看到努力有回报的控制感，有看到排名很好的优越感，还有基于这一切的自我价值感，更有游戏世界的新鲜刺激感。网络世界以外，已经没有什么事情可以带来愉悦感和意义感了，这是一个很大的反差。

青少年网瘾的主要原因

网瘾问题的发病机制非常复杂，很难清楚描述。研究人员经过多年研究，捕捉到一些易感因素。易感因素是指与网瘾有关的前提条件，即如果你具备这个条件，就更容易造成网瘾。了解了这些易感因素，就可以帮助我们对网瘾进行预防。接下来我们来看看都有哪些易感因素。

因素一　遗传因素

当听到玩游戏也要考虑遗传因素，你可能会感到困惑，觉得玩游戏这件事情也有遗传吗？听上去玩游戏更像是一个环境因素，家里有人玩，同学有人玩，那孩子就会玩，这是一个很自然的事情。那么怎么理解玩游戏成瘾也有遗传因素呢？

其实，成瘾的机制是相似的，不管是物质成瘾，如喝酒成瘾、抽烟成瘾，还是行为成瘾，如游戏成瘾、赌博成瘾、性成瘾等。目前脑神经研究认为，物质成瘾和行为成瘾背后的脑神经原理是很相似的。虽然还未能准确定位成瘾基因，诸多基因遗传角度的研究所得出的结论也并不一致，但我们大概认为遗传因素是有的，但是基因不明、机理不明。

因素二 大脑前额叶皮质认知功能

大脑前额叶非常重要，它和认知功能、理性分析、执行功能、专注都有关。它就像大脑的"理性司令部"，"情感司令部"是杏仁核。前额叶皮质对我们的理性有管控能力，专门管理情绪和冲动行为，如果这一部分的功能变弱了，我们控制自己的能力就会变弱。

因素三 社会支持系统、家庭环境及亲子关系

很多研究表明，成瘾的孩子家庭可能会有一些状况，比如父亲缺位、父母关系不好、孩子跟父母关系不好，这些都可能会影响孩子。让孩子在自己的世界里面去寻找快乐，他可能就会沉迷到网络的世界。

所以，我们在治疗中发现，很多孩子看似网络沉迷，实则是家庭系统出了问题。当家庭系统恢复秩序，孩子就不再沉迷网络了。

当然，提到内在问题时也不能忽略家庭环境的影响，甚至有人认为孩子出问题，全都是家长的责任。笔者对这种观点也认同，也不认同。

笔者常常用一个比喻来形容外在环境和内在机制的关系。青少年的精神心理问题的形成过程就像是手枪发射子弹的过程。

大家知道当我们扣动手枪扳机的时候，手枪就会发射子弹出去。至少，这是我们肉眼可见的现象。这里的扳机（Trigger）就

可以理解为环境对孩子的影响，子弹发射出去就可以理解为发病。那是不是扣动扳机，子弹就一定会发射出去？

有家长认为那是当然了，扣扳机，子弹当然会发射。但你是否见过扣动扳机之后，子弹没有发射出去的情况？不管你怎么扣，子弹都不发射。

如果子弹没有发射出去是什么情况？有人想到子弹卡壳，有人想到撞针出问题。不管哪种情况，总之是手枪里面的发射机制出了问题，而发射机制就可以理解为孩子大脑的认知加工过滤机制。

再回过头来看整个比喻。扳机是环境影响因素，子弹发射是发病，手枪里的发射机制是孩子大脑里的认知加工过滤机制。当手枪内在发射机制改变了，不管如何扣动扳机，子弹就是发射不出去。同样，如果孩子大脑的认知机制发生了改变，不管环境怎么刺激，都不会发病。

如果我们的认知系统是积极的，健康的，即便有致病因素，也不一定会发病。如果我们的认知系统是有问题的，一旦受到环境刺激，就会发病。

因此，外在刺激因素确实是影响因素，但不是最重要的，重要的是内在机制。

同理，当孩子出现问题，很多时候家长会被诟病、背锅，甚至有些咨询师或医生觉得完全都是家长的责任。不可否认，家长在养育和教养孩子过程中扮演至关重要的角色，尤其是孩子很小的时候，认知没有发育成熟的时候，家长确实可以很大程度上影响孩子。但不可否认，随着孩子年龄增长，他自己必须承担起自己的责任。孩子具体有哪些责任呢？包括作为学生的学习责任，作为孩子的成长责任，作为家庭一员的家庭责任，还有长大后作为成年人和社会人为自己行为承担后果的社会责任。

并不是说，每个人遇到刺激因素就一定会出问题，孩子遇到不好的父母就一定会发病。就好像地震，同样是经历地震的一个城市，有些人经历地震之后就陷入抑郁、恐慌、惊恐、焦虑当中，甚至是创伤后应激障碍（PTSD）。但是有些人遭遇地震后，可以很快恢复，不会出现这些情绪问题。

同样经历一件事情，你会做出什么反应就取决于你内在的机制。这个机制包括看待事情的角度、处理外界刺激的方法、判断行为合理性的能力、管理自己情绪的能力等。这所有的要素构成了一个孩子的认知加工系统和情绪系统，这两个系统决定了孩子在遇到刺激时会有什么反应。

如果孩子年龄小，尚未成年，那么孩子受家庭环境影响的程度会大到几乎无法摆脱。但是，一旦孩子成年，甚至十六七岁时，孩子自己的认知发展程度，能够从家庭以外环境接收信息并以此建立新的认知系统的能力在逐渐增强，那么就越来越能够摆脱家庭系统的影响。

所以，基本上，每个人都会在成长过程中，建立两个认知系统。一个是以原生家庭环境为基础的认知系统，里面充满了原生家庭的各种元素和模式。另一个是以家庭环境以外的环境为基础的认知系统，里面充满了跟原生家庭不一样的元素和模式。这两个认知系统在很长时间里甚至是一生的时间里都会以不同比例重合着，交互影响着每个人。

现实生活中，我们可以看到的，大多数人都是被第一个认知系统所影响。但也不乏那些在走出原生家庭，到外面求学，开拓视野，不断主动抓取新知识、新信息，以此建立第二认知系统，甚至颠覆第一认知系统的例子，他们看上去好像完全脱离了原生家庭的影响，展示出了完全不同的样子。这种情况所涉及的能力包括对第一认知系统缺陷的觉察和觉知，对更具有适应性的生活方式、情绪方式、认知方式和行为模式的渴望，对具有改良性信息的捕捉和留存能力，对新认知系统不断训练的思考和应用能力等。有了这些能力，第二认知系统就可以发展起来，逐渐覆盖第一认知系统，以至于原生家庭带来的影响越来越不显著。

因素四　自律性差

"我知道我不应该这样做，但是我控制不住。"这就是自律性不足的表现。

一个人如何训练好的自律性？

如果不是先天有自律的特质，那么后天训练就需要积极有力的家庭环境来支持。一般来说，自律的父母带出自律的孩子。如果家长每天很早起床，锻炼身体，学习读书，那么孩子在这种环境下就会耳濡目染，再加上如果家长可以带动孩子，鼓励孩子，陪伴孩子，那么孩子就更有机会训练自律。

因素五　执行力

什么叫执行力？执行力就是思想意识上认识到要做这件事，也知道这件事很重要，也能够从行动上执行这件事，简单说就是怎么想就能怎么做出来。这种执行力跟前额叶皮质功能有关。换句话说，这件事和脑结构功能有关，脑结构功能又和基因遗传有关。那么，是不是说这是先天注定的，不能改变的。笔者个人认为不是不能改变。很多所谓的先天功能都是在后天伴随着环境影响逐渐形成的。所以，笔者认为，这种执行力是可以后天训练的。

因素六 低自尊

我们常常提起自尊，却不真正知道自尊是什么。

自尊的字面意思是自我尊重。低自尊是指无法感受到对自己的尊重，也常觉得别人不尊重自己是应该的，因为自己不够好。在现实世界当中常常是不被看重的，是被人忽略、被人轻看的，但在网络世界里可以获得自尊和价值感。这是沉迷网络的一个重要原因。如果是这样，所谓的低自尊是不在乎吗？并不是。反而可能是很在乎，只是找不到可以尊重自己的方式。

因素七 朋辈影响

所谓"朋辈"（Peers）就是同龄人。都是同样的年龄，你在干什么，我在干什么，会有不自觉的比较。

大家都玩王者荣耀这个游戏，那我也要玩，因为如果我不玩，我跟大家就没有共同语言，大家就会更加排挤我，不跟我一起玩。朋辈影响是蛮大的，因为现在的孩子真的是大部分都玩游戏，有自制力能够控制自己不玩的实在是少数。

朋辈影响从另一个侧面展示了孩子的自我认定不够，自信不够，所以才会那么容易受别人的影响。其实，在12岁之后，孩子受影响最大的已经不再是父母或老师，而是朋辈。这好像是一个趋势，但重要的是随着年龄增长，自己内在的认知发展是否可以逐渐减少别人对自己的影响。

因素八 应对方式

应对方式是指在遇到一个场景或事件时，我们用什么方式去应对，带来什么影响，造成什么后果。孩子遇到学习压力，情绪不好了，他不知道怎么面对压力，就玩游戏。这跟我们一直以来家长对孩子的培养是有关系的。

孩子在很小的时候就大哭大闹，给他一个平板电脑，他就开始玩游戏、看动画片，家长就觉得安静了也省心了。这样的做法反复发生就会形成一种条件反射，孩子觉得情绪不好的时候，就看动画片、玩游戏、看电影。这种方式是逃避情绪和问题的一种应对方式，非常不健康。对家长来说非常省事省心，但对孩子来说影响非常不好。

因素九 社会活动缺乏丰富度

所谓"社会活动"是指学习以外的生活安排。整天待在家里面，除了学习就是写作业，没有什么其他的事情，户外的活动、运动及其他的兴趣爱好一概没有，整天就是学习和玩游戏。

社会活动、兴趣爱好缺乏造成的网络成瘾非常多，学习的空隙就想刷手机玩游戏，这是大部分孩子的状态。如果他有很多朋友、很多户外活动、很多运动或有很多兴趣爱好，能够去享受兴趣爱好的乐趣，都可以让他脱离这个网络，那就不一定会成瘾。

因素十 自我效能感低

自我效能感这个概念可能不为大家所熟悉。自我效能感是指面对一项具体任务，孩子认为自己是否能完成任务，达成目标。自我效能感低的孩子在面对任务时，常常会觉得我不行、我不能，而在面对网络诱惑这件事时，也常常控制不住自己。因为过去在这种事情上，他都是失败的，所以不相信自己能做到，那就直接放弃、"躺平",任由自己在这种成瘾的状态当中沉溺。

因素十一　长期压力

这个世界压力太大了,就连小学生都压力满满,背着重重的书包就像蜗牛背着重重的壳,一步一步往前爬。压力不仅来自学习,还有来自父母的压力,来自人际关系的压力等,这些都会让他想要逃避,去到网络的世界。

因素十二　开始接触网络的年龄

对于网络这件事,起始接触年纪越小,越容易成瘾。因为年纪越小,孩子的认知和自制力都会更弱,网络所带来的刺激感受会更深植入他的神经系统,形成深印记、深回路,甚至成为主导神经回路。一个神经回路成为主导回路,想要改变就困难,就像我们成年后,一些根深蒂固的习惯总是改不掉。

因素十三　精神病症类因素

抑郁症、焦虑症、躁狂症、多动症、自闭症等各类心理问题,都有可能让孩子沉溺在网络当中。因为不管他的精神世界有什么问题,网络带来的刺激感是普遍适用的。

青少年网瘾的评估诊断

了解了网瘾的基本概念,接下来看网瘾如何评估。网瘾的评估一定要由精神科医生来做临床评估。有时候精神科医生会借助标准量表评估,但量表结果并不能作为诊断结果,只能作为诊断依据。

那么心理咨询师能不能评估网瘾呢？按照目前的临床诊断标准来看，网络游戏成瘾已经是一种精神障碍，那么，国内的心理咨询师恐怕是没有资质做评估的。

在美国，心理医生（Clinical Psychologist）是经过博士学习，并在督导下达到一定小时数的临床实习之后才能拿到执照，也是有诊断权的，但在绝大多数情况下没有处方权（个别州对特定药物授予心理医生处方权）。

所以在中国，对于网瘾一定要经过精神科医生的临床面诊进行评估再诊断。

家长学习之后能不能评估？家长即便学习和训练之后，对量表的理解和测试结果的理解都是有限的。比如说"强烈渴望""沉迷网络""对生活带来危害""影响日常生活""影响功能""躁动不安"这些都是专业描述。这些专业描述的理解是非常不一样的，什么叫情绪失控，什么叫躁动不安，是不是我敲一次桌子就算躁动不安，就算情绪失控？是不是我骂父母一句就算情绪失控？不是的。

精神科医生在评估一个行为的时候，需要看他前后的一致性，也就是行为模式。如果这种行为只是偶发表现，并不是一种一贯的行为模式，那么就暂时不认为达到明显的病症特点。

网瘾诊断在诊断标准上有一个病程要求，即要求症状持续达到12个月以上。在这12个月当中，他持续表现这一种状态，我们才认为他是网络成瘾。如果说孩子放暑假或高考结束，两三个月跟同学天天玩，玩得黑白颠倒，然后不问世事只顾玩游戏，这个算不算网络成瘾？还不够算，因为时间太短。

家长可能很担心，说"我的天哪，高考结束之后整天玩游戏，一天11个小时，已经持续2个月了，他成瘾了"。其实不一定。

为什么一定要精神科医生评估，因为精神科医生评估的时候考虑的角度、评判的标准，跟家长、咨询师都是不一样的。

量表评估相对方便。目前，可以用来评估网瘾的量表有很多，但不都是"标准量表"。

何为"标准量表"？标准量表就是经过信度和效度检验的量表。如果国外量表翻译过来在中国使用，一定要经过本土化验证信度和效度。如果量表既有信度和效度检验，又有常模，那就更加标准。"信度""效度""常模"是标准量表的三大要素。

这里需要强调的是，量表评分只供参考，结果并非诊断。诊断一定要经过精神科医生的面诊，有了综合的评估考量才能够判断。

青少年网瘾的解决方法

网络成瘾带给孩子们的危害是显而易见的，可能会耽误学习，错失跟人的交流，在现实世界当中的人际关系越来越少甚至没有，可能情绪越来越暴躁，可能会废寝忘食，影响身体，这些都是对他的影响。

我们怎么样去干预网瘾？下面介绍一些网瘾干预的原则。

网瘾干预是多方努力、协同合作的过程。多方是指包括孩子自己、家长、老师、游戏伙伴、网络公司、专业人士。每一个角色都很重要，每一个角色都有它的特点和优势，其中成瘾孩子自己是最重要的，如果他自己不想改变，别人再怎么努力，都是徒劳无益。

家长是最关键的角色,因为家长是陪伴孩子最多的人。但是,家长最关键,绝不意味着每天盯着他,整天对他唠叨。

> 你为什么又玩游戏了?
> 你为什么又上网了?
> 你为什么又看手机刷视频了?

家长的陪伴和提醒绝不是这样,而是真正走进孩子内心世界的陪伴、倾听和引导。

老师最困难,因为老师很难在家里面关注到孩子,在学校也不一定能关注到他,除了收手机以外没有什么更好的方法。但是现在很多学校上课都需要平板电脑等电子设备,孩子在上课的时候会不会开小差去上网,我们不能够保证。虽然有一些技术处理手段可以帮助我们尽量减少这种情况,但也不是万全之策。

游戏伙伴最给力是因为最有说服力。如果游戏伙伴与孩子约定单来一次性的限定时间的游戏,此外在该学习的时候学习,该做作业的时候做作业,这是最有利、最给力的一种影响。这跟我们前面说的朋辈影响、朋辈压力是相关的。

不管政府也好,网络公司也好,限定青少年账号可上网时间是良心之举。

最后,专业人士最有效,因为专业人士懂得孩子在网络世界里寻找什么,懂得他在现实世界缺失什么,我们就通过在现实世界建立一些渠道和平台帮助他获得满足,帮助孩子脱离网络的束缚,所以专业人士是最有效的。

网瘾干预的具体策略有哪些?其包括药物治疗、一对一心理治疗、团体治疗、家庭关系的调整、睡眠的管理、饮食的管理、运动的管理、前额叶刺激活动、压力管理、成瘾行为管理、多元化使用网络、替代模式、社会支持。这些都是我们会在网瘾问题干预方面所使用的策略。我们一一详细讲解。

策略一　药物治疗

关于药物治疗，目前全世界范围没有专门针对网瘾的药物，但是有改善情绪的药物，有减少冲动的药物。大家看到很多抑郁症的孩子会网络成瘾，焦虑症的孩子会网络成瘾，双相的会成瘾，多动的会成瘾，自闭症的也会成瘾。我们没有办法对网瘾进行药物治疗，但是我们可以针对这些病症进行药物治疗。

策略二　心理治疗

关于心理治疗，包括一对一心理治疗、家庭治疗、团体治疗等。总结下来，孩子网络成瘾主要有七大感觉在作祟。分别是达成目标的成就感，获得积分奖励即时反馈的控制感，排名靠前的优越感，组队打怪闯关的联结感，基于以上四感的自我价值感。除此以外，还有游戏界面设计带来的新鲜感和刺激感。我们说"作祟"，其实不管青少年还是成年人，谁不会被这"七感"所动呢？我们都会，这就是人类驱动力的逻辑和原理。只是我们将这七感用在哪里，如何从不当使用的领域里迁移出来，把这七感用在正当领域。

大家比较熟悉的是一对一心理治疗，有点熟悉家庭治疗，不太熟悉的是团体治疗。笔者在博士研究阶段，专门针对网瘾的团体治疗进行研究，发现这种方法在美国和欧洲已经开始有些尝试，而且效果很好。笔者个人也在筹划开展青少年网瘾的团体治疗。孩子在网络当中所寻求的那些需求在现实当中没有被满足，需要一对一心理疏导。通过家庭关系的改变和团体伙伴的支持,能够帮助他在现实世界当中满足自己未被满足的需要,渐渐脱离网络对他的囚牢。

策略三 睡眠、饮食、运动

这个策略听上去很简单,其实里面有很多的技术含量。怎么样管理睡眠、饮食和运动,通过这三项的调整,让孩子有更好的掌控力跟自控力。这里涉及一个重要技术,叫作"微目标"和"微习惯"。

微目标和微习惯是指当我们想要从一种状态转换到另外一种状态很困难,中间的跨度很大时,那么需要循序渐进的方式来实现转换,而不是一蹴而就。比如运动,如果一下子从不运动的状态转换到每天运动的状态就很不现实,那么是否可以选择一种运动,每天做最少的量。

> **微目标和微习惯**
>
> 举例来说,做俯卧撑,如果每天做几十个或几百个俯卧撑很困难,那么每天做一个俯卧撑还困难吗?当然不,就算是体重 100 公斤的人做一个俯卧撑都能做到。如果一周里每天固定时间做一个俯卧撑,一周下来会怎么样?身体不会怎么样,因为一个俯卧撑太少,但心理会发生一些微妙的变化。第二周每天仍然是固定时间做 2 个俯卧撑,再一周下来会如何?身体也不会发生明显改变,毕竟只是 2 个俯卧撑,但在 2 周的时间里,心理和头脑都在发生变化。第 3 周,每天固定时间做 3 个俯

卧撑，再一周下来会如何？如果你听说过21天养成一个习惯的说法，那么你大概会意识到有一些变化，但实际上这种说法并不准确。准确的说法应该是21天养成一个习惯的开始，90天养成一个习惯。三周21天至少可以开始形成一个习惯。这就是我们说的微目标、微习惯。

策略四 多元化使用网络

这是一个非常重要的概念。多元化使用网络是指将孩子所专注的一种游戏转换成多种网络使用形式，减少单一游戏对孩子的捆绑效应。如果孩子玩一种游戏更容易成瘾，他玩多种游戏就不容易成瘾。所以，在开始阶段，不是让他完全放弃网络使用，而是让他能够从单一使用网络转变成多元化使用网络，多元化使用网络既包括网络游戏，又包括浏览网页，看视频，浏览社交媒体，还有网上购物，这些都是使用网络的方式。越是多元化地使用网络，越不容易在一件事情上形成依赖和成瘾。

> **多元化使用网络**
>
> 举个例子，孩子每天花10小时玩一种游戏，想要多元化使用网络，就可以尝试在第1周改成9小时玩一种游戏，1小时玩一种新游戏。
>
> 第2周，8小时玩原来的游戏，2小时玩另外一个新游戏。

第3周，7小时玩原来的游戏，2小时玩第2种游戏，1小时玩第3种游戏。

第4周，6小时玩原来的游戏，2小时玩第2种游戏，2小时玩第3种游戏。

第5周，6小时玩原来的游戏，3小时玩其他游戏，1小时看视频。

第6周，6小时玩原来的游戏，2小时玩其他游戏，1小时看视频，1小时网络聊天。

第7周，5小时玩原来的游戏，2小时玩其他游戏，1小时看视频，1小时网络聊天，总共变成9小时。

第8周，5小时玩原来的游戏，1小时玩其他游戏，1小时看视频，1小时网络聊天，总共变成8小时。

第9周，4小时玩原来的游戏，1小时玩其他游戏，1小时看视频，1小时网络聊天，总共变成7小时。

第10周，3小时玩原来的游戏，1小时玩其他游戏，1小时看视频，1小时网络聊天，总共变成6小时。

第11周，2小时玩原来的游戏，1小时玩其他游戏，1小时看视频，1小时网络聊天，总共变成5小时。

第12周，2小时玩游戏，1小时看视频，1小时网络聊天，总共变成4小时。

第13周，2小时玩游戏，1小时其他网络活动，总共变成3小时。

第14周，1.5小时玩游戏，0.5小时其他网络活动，总共变成2小时。

以此类推，直到每天使用网络的总时长不再影响日常生活和学习。这就是多元化使用网络的策略。

策略五　替代模式

替代模式是指梳理孩子在网络游戏中感到快乐的原理，进而在生活中通过应用这些原理复制快乐。前面分析过网络游戏吸引人，主要是它能带来七种感觉，分别是达成目标的成就感，即时反馈的控制感，排名靠前的优越感，组队攻关的联结感，以及基于这一切的自我价值感。还有游戏界面设计带来的新鲜感和刺激感。

如果是这样，那么生活中是否有其他活动带来这些感受呢？当然有。比如，和伙伴打篮球及各种运动，和父亲一起爬山、攀岩、跑步，和妈妈一起做指甲、逛街、买衣服，和小伙伴一起参与某项技能的学习等，都可以带来这些感受。这就涉及社会支持的部分。孩子的社会支持系统包括父母、家人、朋友、伙伴、老师，还有专业人士，需要这些支持的力量共同发挥作用，才能把孩子从网瘾的深渊中拉出来。

第 4 章
抑郁问题

对青少年抑郁常见的误解 / 77
青少年抑郁的主要表现 / 83
抑郁症的脑科学研究 /86
青少年抑郁的主要原因 / 90
青少年抑郁的诊断与鉴别 / 91
青少年抑郁的治疗方法 / 97

抑郁问题

青少年抑郁问题已经高发到让人震惊的程度。

2019年，北京大学第六医院黄悦勤教授等在《柳叶刀·精神病学》发表研究文章，对中国精神卫生调查的患病率数据进行报告，其中一项囊括了39个研究、从1997~2015年、包括32694名中国大学生的群体研究表明，中国学生群体的抑郁发病率在23.8%，也就是说大概每4个孩子中就有1个孩子受到抑郁困扰。这个数字还只是从已经就诊的患者调研中计算出来的，实际上的数目估计要比这个数字更可怕。在如此庞大的青少年抑郁人群中，又有15%的比例会最终以自杀结束自己的生命。这个数字看上去可以说是触目惊心了。

面对如此普遍的心理困扰问题，更让人焦急的是目前我国并没有针对抑郁制定出整套的防范措施和应对方案，很多家长不但缺少对抑郁症的基本了解，甚至还有很多误解。这让本就痛苦的抑郁症青少年的生存状态雪上加霜。

对青少年抑郁常见的误解

首先我们来看有哪些对抑郁症的误解。

误解一　你上课的时候怎么总是注意力不集中

常常有家长或老师会对患有抑郁症的学生说："你上课的时候怎么总是注意力不集中，老师讲过的题总是忘。"其实，如果大家对抑郁症有一些了解就会知道，抑郁症本身就会对我们的大脑产生影响，造成大脑功能，包括注意力、记忆力、思维能力等受损。

有科学研究表明，抑郁症会损害大脑的神经细胞，特别是长期抑郁症。抑郁症患者的海马体会变小，这就是神经细胞受损的一种表现。大脑中的海马体主要功能跟记忆力有关。如果海马体的细胞受损，那记忆力就有可能受影响。对于短期的、轻度的抑郁症患者可能影响不大，但对比较严重的、长期的抑郁症患者，影响非常明显。长期抑郁症患者，还有一个典型的症状叫思维迟缓，表现出大脑思维能力受损。

不但记忆力会受损，注意力也会受损。常常有抑郁症孩子会因为注意力不集中，而出现记忆力问题。注意力跟记忆力是相辅相成的，很多人记忆力不好，是因为注意力不好，很多人记忆力好，也是因为注意力好。其实不是孩子不想集中注意力，也不是他们想要忘记，而是对于他们来说，集中注意力和记忆都有困难。

误解二　你整天那么逗，怎么会抑郁呢

这个表达的意思是孩子整天很开心，也会逗别人开心，他怎么会抑郁呢？这也是对抑郁症患者的误解，因为抑郁症患者不一定都是整天愁眉苦脸，有一些抑郁症患者的脸上也可以挂着笑容。在外人的面前，也可以是满脸笑容，但是他们的内心却无比苍凉。常常是在一个人的时候他们就表现出苍凉的那一面，但是在外人面前，特别是在社交场合，他们不想让人看出自己得了抑郁症，所以可能会强颜欢笑。看一个人是不是抑郁，并不是看他有没有表面的快乐，而是看他是不是有活力，有精力，有热情。抑郁症患者常常是缺乏活力，缺乏精力的，对生活缺乏热情。

误解三 你为什么要抑郁啊

这是一个很多人都会问的问题，好像抑郁症可以由人掌控，能自我控制，我想抑郁就抑郁，我想不抑郁就不抑郁。但其实对抑郁症患者来说，这是一种非常被动的局面，他是无法控制的，很多时候是找不到确切原因的。就像癌症患者，他也不知道自己为什么会得癌症一样，所以当抑郁症患者被问到这个问题的时候，他们常常是无法回答。

误解四 你有啥可抑郁的，你聪明又漂亮

这也是很多人的误解，以为如果一个人有一定的优势，比如说长相漂亮、聪明能干，就不会抑郁。这种逻辑在抑郁症患者身上是不成立的，因为抑郁症患者，常常有一个典型的思维模式，就是负性思维。什么叫负性思维？就是对积极的方面视而不见，就特别容易着眼于负面信息。这样的负性思维会让聪明、漂亮、能干、有好的工作、有好的家庭等这些旁人所认为的优势和优点，都被抑郁症患者忽略，视而不见。因为他们所着眼的就是"我漂亮有什么用，我聪明有什么用，这一切都没有意义……"

误解五 抑郁又不是什么好事，有什么好到处说的

认为抑郁症是一个怪病也好，是一件不光彩的事情也好，是精神问题也好，总之，很多人对抑郁症有非常大的歧视和偏见。如果他自己或者他的家人得抑郁症，他就百般遮掩，不想让别人知道。其实抑郁症已经越来越普遍，它的发病率也越来越高，它也不是针对特定的人群才会出现，而是任何人群都有可能患抑郁症。不管你是身居高位，还是很有钱，或是很贫穷，不管什么样的人都有可能得抑郁症。

所以，对于抑郁症来说，我们需要摘掉有色眼镜，不再把抑郁症看成一个怪病，或者是应该受人歧视的问题。我们需要能够正确看待抑郁症，不要把它掩饰起来，越是掩饰，越不能解决问题。希望越来越多的民众都能够提高对抑郁症的认识，消除对抑郁症的误解，能够给予抑郁症患者更广阔的接纳空间，让他们能够尽快地恢复，而不是越来越加重病情。

对抑郁症患者来说，他们能够诉说出来，这是很难得的。因为很多抑郁症患者是不想说的，如果他们有机会想说出来，有场合、有对象想要去诉说，是能够在一定程度上缓解他们的精神压力。如果他们能够遇到真正懂得他们的人，愿意倾听他们，这对抑郁症患者来说将是一个福音。所以如果抑郁症患者想要去跟别人分享自己的情况，不要阻拦他们。如果他们表达出自己的情绪，能够让他们舒服一些，那是很好的。常常有抑郁症患者得抑郁症的一个重要原因，就是他们和他们的情绪失联了。失联是什么意思？就是他们长期压抑自己的负面情绪，不让这些负面情绪得到表达，才造成了抑郁的症状。

所以，如果他们能够通过向人诉说与自己的情绪产生联结，这是一件有助于疗愈的事情，不要阻碍他们。

误解六 抑郁没什么可怕的，你多出去走走就好了

抑郁症患者常常有社交障碍，无法做到多出去走走、出去旅游，或者出去社交，这些对有社交障碍的抑郁症患者是很难做到的。社交障碍就是在与人相处时有困难，要么是因为自卑，要么是因为过度看重别人对自己的看法，要么是不想让别人用异样的

眼光看待自己等，这些原因都会让抑郁症患者有社交障碍。

对于严重的抑郁症患者来说，连走出家门的力气都没有，因为他们的身体疲乏、没有力气。所以，我们不要强求抑郁症患者一定要多出去社交。如果他们连走出去的力气都没有，对于这种严重的抑郁症患者，建议尽快进行药物治疗，甚至住院治疗。不要再在家里面待着，越是这样把自己关在家里，越容易使病情加重。

误解七　人家抑郁症都是不说话的，你倒好，整天发脾气

这是对抑郁症的一个误解，认为抑郁症就是不说话的。那么抑郁症会不会不说话呢？会的。会不会发脾气？也会的。因为抑郁症患者控制自己的情绪的能力是很差的，他们心里积压了太多负面的情绪，他们常常处在情绪失调状态，会有情绪失控、脾气暴躁的情况。

其实对于这样一种情况，他们自己也觉得很苦恼，他们会对自己最亲近的人发脾气，是因为他们想控制却控制不了。所以，常常会有抑郁症患者自责。因此，我们如果看到抑郁症患者对着家人发脾气的情况，不要怪他，要劝他积极治疗，治疗有效之后你就会发现他的脾气会比治疗前要好很多。

误解八　这么一点压力你就受不了啦，太矫情了吧

抑郁症患者对压力的承受力是非常有限的，因为他们的情绪机能失调了，承受压力也会非常困难。社交活动、他人的过度关注、生活的突然变化，都会让他们感到有压力。

大家要注意这个"过度关注"，有些孩子患了抑郁症，父母非常关注，动不动就进孩子房间问："你好不好啊、你有没有想自杀啊……"其实这种过度关注同样会给孩子带来压力，会让孩子有窒息感。所以抑郁症患者也需要自我空间。有些家长会觉得很矛盾，到底是给他空间呢？还是要多关心他呢？其实，这是需要把握分寸的，也是需要跟患者沟通的。了解患者什么时候需要关注，什么时候需要空间，了解患者心里的想法，针对他的需要进行帮助才是最好的。

误解九　你就该干吗干吗，不要胡思乱想

这个误解点在哪里呢？就是以为抑郁症是可以通过转移注意力来缓解病情的。如果是轻度抑郁症或许还可以，但是，对于中到重度的抑郁症往往是不现实的。因为他们没有办法转移注意力，他们的注意力就是在他们所关注的事情上，在这些负面的信息上没有办法转移。而且这种让他好好工作、好好生活的目标也会给他们造成压力。

所以，不要逼抑郁症患者去做任何事情，不要强迫、勉强他们。他们需要的不是大道理，这些大道理只会让他们的压力徒增。他们需要的是倾听和理解，需要的是支持和鼓励，这一点非常重要。

误解十　一定会好起来的，再扛一扛就过去了

这个"扛一扛"的说法非常有风险，因为有一些中度、重度的患者是不能够扛过来的。"扛"不但不是一个好办法，而且有可能会使抑郁加重，甚至有人在扛的过程当中就自杀身亡了。所以，当你对抑郁症患者说"扛一扛"的时候要小心，如果他扛的过程当中没扛住自杀了，你有很大的责任。这并不是危言耸听，我们对抑郁症患者的劝诫、建议都是要很小心的。所以很有可能你的建议不得当，不但没有帮助抑郁症患者，反而让他的病情更加严重。

误解十一　你怎么会想死呢？生活如此美好

在你眼中生活是美好的，但在抑郁症患者的眼中未必如此，在抑郁症患者眼中生活常常是生无可恋、极度痛苦的。相比之下死可能是更好的状态，虽然他们都不知道死是什么样的状态。所以，当抑郁症患者有想死的想法的时候，这是一个非常危险的信号，绝不是开玩笑。因为这种患者有百分之十五最终自杀身亡，这是一个非常高的比例，大概是每七个抑郁症患者就有一个自杀身亡。千万不要轻忽抑郁症患者说想死，一旦他有这样的想法，要么住院，要么赶紧服药。甚至有一些严重的自杀倾向患者需要电休克治疗。对于这样的情况，千万不要掉以轻心。

青少年抑郁的主要表现

成年人抑郁的具体表现包括情绪低落、兴趣减退、精力不济、动力不足、睡眠障碍、食欲下降等，还可能有注意力不集中、记忆下降、性欲减退等。青少年的抑郁表现可能会与成年人稍有不同，具体阐述如下。

表现一　情绪低落

情绪低落是抑郁症的普遍表现。好像什么事情都无法让他提起精神来，就算可以因为一件事短暂开心，但很快就再次陷入低落中。这种情绪低落是一种持续状态。虽然诊断标准上说是持续两周以上，但绝不意味着两周之后就开心起来了，而是说两周作为一个病程标准，意味着如果持续两周，就会持续几个月，代表一种持续的状态。

表现二　睡眠障碍

很多孩子在抑郁状态下，睡眠也成为很严重的问题。按理说，青少年不应该失眠，但抑郁的孩子的确有失眠的情况。主要表现为入睡困难、早醒、睡眠时间少。在睡眠不足或睡眠质量不佳的情况下，情绪就更容易不好，体力动力不足，脑力下降也会伴随出现。

表现三　食欲不佳

抑郁状态下，常见吃不下饭，吃什么都感觉不到美味的情况。食欲不佳和食量下降都会造成体重下降，体力不支，还会造成合成重要神经递质 5- 羟色胺的原料不足，进而造成情绪低落。

表现四　体力下降

体力下降具有身体和心理双重因素。身体因素是指由于食欲不佳和食量下降造成的体力下降，心理因素是指找不到热情和盼望造成的怠惰。

表现五　动力不足

动力和体力是联动因素，动力是指想要做事的动能，体力是指实际做事的力量。动力更多指向心理层面，涉及自信心、自我效能感、掌控感、内驱力等因素。如果孩子对未来生活没有盼望，也没有目标感，自然就无法产生动力；就算有目标，觉得自己做不到，动力也会不足。

表现六 兴趣减退

兴趣和动力更是相辅相成。有兴趣，才有动力，兴趣激发动力。当一切对抑郁孩子来说，都显得索然无味，情绪低落，兴趣自然也会减退，动力随之降低。

表现七 脑力下降

脑力是指包括注意力、记忆力、理解力等在内的认知功能。长期严重的抑郁症患者，脑力下降明显，具体表现为思维迟缓，俗称"反应慢"，还表现为反复纠缠在一个概念上，无法理清楚。

表现八 行为退缩

行为退缩对孩子来说主要是指不愿意出门，不愿意上学，不愿意见人等。如果孩子情绪低落、兴趣减退、动力体力都下降，也难怪会行为退缩。

表现九 自残行为

抑郁的青少年会不会出现自残行为？有的会，有的不会。自残并非抑郁的典型表现。但现实情况是，越来越多的孩子出现自残行为，要么在手上划一刀，要么用指甲抠自己，要么用烟头烫自己。这些自残行为如果不是抑郁的典型症状，为何越来越多出现在抑郁青少年身上呢？原因可能是孩子的抑郁表现越来越不典型，或者孩子的问题不仅是抑郁问题，而是共病问题，即多种病症同时存在，比如焦虑问题、创伤问题、多动问题、人格问题等。边缘型人格障碍的青少年很多有反复自残的问题。

表现十 自杀行为

抑郁的青少年会不会有自杀行为？有的会，有的不会。可能有一次这样的尝试，但一般不会反复尝试自杀。如果反复尝试自杀，还是要考虑有没有可能是其他问题共病，比如边缘型人格障碍。

抑郁症的脑科学研究

笔者希望可以尽可能地把关于抑郁症的那些复杂的、难懂的临床知识，用非常简单的、通俗易懂的语言传递给大家，让没有任何医学基础或心理学基础的家长朋友都能够理解和明白。

抑郁症是心理问题还是精神问题

很多人对抑郁症的理解和定位不是很准确，有些人认为抑郁症只是心理问题，有些人认为抑郁症是精神问题。在笔者个人的理解来看，更倾向于抑郁症是一个疾病谱，也就是一个疾病谱系的概念。抑郁症可以是一个简单的、轻度的心理问题，也可以是一个很严重的精神问题。

抑郁情绪可以说只是一个心理问题，一旦到了抑郁症，那我们就不能够把它认为是简单的心理问题。抑郁症和抑郁情绪是不一样的，正常人也会有抑郁情绪，但是正常人达不到抑郁症的诊断标准，一旦达到抑郁症的诊断标准，比如说症状数目已经比较多，持续时间已经超过两周，严重程度已经比较重，甚至影响了正常的社会功能，那我们就不能再把它看作一个简单的心理问题。

如果说抑郁症也是一种精神问题，很多人可能不能接受，因为抑郁症并不像很多常见的精神病那样有很可怕的行为，表现为攻击性，有疯狂的举动等。大家可能没有意识到，很多重度的抑郁症患者已经失去了正常的社会功能，甚至我们会认为已经到了一个残疾的程度。过去大家可能不能理解，我们说抑郁症有百分之多少的致残率是什么意思，就是因为抑郁症会造成人失去了正常的社会功能。

笔者认为，心理问题和精神问题有个重要的区分标准：是否存在脑神经化学层面甚至脑结构层面的改变。如果有，那就更倾向于是精神问题。脑神经化学层面是指脑神经递质和神经调质浓度是否超出正常范围。抑郁症和血清素水平偏低有关这个信息几乎已经成为普遍认同的理论，这就是说抑郁症，尤其是严重程度在中度以上的抑郁症患者，脑部很可能有神经递质浓度的异常。这个比较容易理解，但不好理解的是难道抑郁症患者脑结构也发生了变化吗？

抑郁症是否有脑结构的改变

抑郁症患者哪些脑部结构会改变呢？主要存在于边缘系统，包括杏仁核、海马体、前扣带回和左前额叶皮质，主要就是这几个部位。

对于抑郁症患者来说这些脑部位到底发生了怎样的变化呢？我们先来看杏仁核，它是产生、识别和调节情绪的一个重要的脑部组织。

结构一 杏仁核

有多项研究表明抑郁症患者的杏仁核体积增大，而且呈正相关。杏仁核的大小与自杀倾向也相关，也就是说抑郁越严重，时间越久，杏仁核的体积越大。一旦涉及"体积"这种结构性的概念，我们需要非常慎重。如果说多年的抑郁症患者的杏仁核体积是增大的，那我们就会认为，在一定程度上他的脑结构发生了变化。

有研究指出，脑结构跟脑功能是相匹配的，而患者杏仁核体积的增大，就说明他的抑郁情绪比较丰富活跃。也可以说，抑郁情绪常年出现的话，会造成杏仁核相比正常人的要明显增大，并且杏仁核越大，自杀倾向可能也越严重。

结构二 海马体

重度的抑郁症患者，尤其是病情反复出现的患者，海马体的体积会变小。这个现象和杏仁核的变化是相反的，尤其是21岁之前被诊断抑郁症的患者，海马区域更小。海马体这个部位跟记忆功能是紧密相关的，当海马区域变小，也表明海马体的功能会因为区域变小而下降。也就是说，患者的记忆有可能会变差。

有很多抑郁症患者曾经或者正在经历记忆力越来越差的状况。有些常年的抑郁症患者经常会抱怨说：我的记忆力现在远远不如以前，非常差，说过的话转眼就忘，做过的事也会忘记。其实这是一个病理现象，甚至年纪比较轻就会出现这样的问题。由此我们得出一个重要的启示：如果被诊断为抑郁症，就需要及时干预和及时治疗，不管是心理治疗还是药物治疗。

很多人会担心药物对于脑部神经结构的影响，但现在越来越多的证据表明——大部分抗抑郁药物有修复脑神经细胞功能的作用。这跟我们担心的药物会刺激、损伤脑神经的想法恰好相反，也就是说大部分抗抑郁药物不但不会伤害脑神经，反而会对被抑郁症损伤的脑神经细胞，有一定的修复作用。如果不及时干预治疗，这些脑神经细胞可能会因为抑郁症的加重，而受到更大的损伤。

结构三　前扣带回

抑郁症患者的前扣带回也会发生变化。这个部位是参与行为、认知、情绪调节的重要部分，也是情绪整合的重要中枢。如果前扣带回损坏，会导致抑郁症患者对悲伤情绪的识别更加敏感和迅速。抑郁症患者有一个典型的症状群叫作 negativity，就是负性思维。很多人一旦患上了抑郁症，感觉看什么都蒙上了一层灰色，一切都变得那么不阳光，没有盼望，我们称这种状况为负性思维症状群。它会专门捕捉那些负面的信息，并因着这些负面信息变得更加抑郁，于是这就生成了一个恶性循环。前扣带回在这样一个情绪反应过程当中，扮演重要的角色，所以我们说的抑郁症的一些症状，其实很多都可以从脑科学证据上得到解释。

结构四　左前额叶皮质

抑郁症患者脑部的左前额叶皮质也会有变化。左前额叶皮质主要负责计划决策，各种神经活动的调控，或者是理性思维执行功能等，是非常重要的一部分。我们常常把左前额叶皮质称为理性脑，把杏仁核称为情绪脑。这个左前额叶皮质也是我们CBT（认知行为疗法）所针对的脑部位，也就是说CBT其实是训练我们的左前额叶皮质。当我们的左前额叶皮质的理性功能被训练提高以后，就会在一定程度上缓解杏仁核带来的不良情绪反应。

有研究表明，青少年抑郁症患者的左前额叶皮质体积减小，就意味着它的功能也随之减弱。所以，如果他的左前额叶皮质体积减小的话，很可能他就没有办法做理性思考。

青少年抑郁的主要原因

青少年抑郁的常见原因主要包括遗传、性格特点、家庭环境、成长经历等。这里需要澄清一个概念就是，对于造成抑郁症的原因并没有权威的说法，但目前普遍认为抑郁症是多因素影响的结果，而不是某个单一事件造成的。

因素一　遗传

抑郁症的遗传因素已经越来越明确，即抑郁症是有遗传性的，甚至已经有具体量化的遗传度可供参考。有些研究认为父母任何一方有确诊的抑郁症，那么他们的孩子患有抑郁症的概率要比父母没有抑郁症的孩子患抑郁症的概率大3~4倍。但请注意，这仍然是一种概率说，并不是说抑郁症父母生出来的孩子一定会得抑郁症。而且，目前的遗传学研究还不能明确造成抑郁症遗传的具体基因有哪些，基本上认为是多基因遗传疾病。

因素二　性格特点

性格特点在青少年抑郁症发病中也占主要因素。一般认为，性格比较内向、纠结、细腻、敏感，又不善表达的孩子比较容易得抑郁症。抑郁从情绪角度来说，是指压抑的负面情绪淤积在心里，无法排解，久而久之，造成情绪机能失调。

因素三 家庭环境

家庭环境主要是指父母的教养方式、互动模式形成的家庭氛围给孩子的心理影响。很显然，和睦相爱的家庭环境比较容易给孩子带来安全感，平等尊重的交流方式容易给孩子带来自尊、自信和自爱。相反，如果家庭中，父母相互吵架，跟孩子交流也是大喊大叫，孩子很难建立安全感。没有安全感的孩子失去了情绪的根基，就容易出现情绪失调。

因素四 成长经历

成长经历主要是指孩子在成长过程中有没有遭遇过重大心理事件，比如亲人离世、交通意外、重大疾病、父母离婚、多次搬家、转学等，这些事件都可能影响孩子的心理状态，甚至造成创伤。

因素五 刺激事件

刺激事件既包括前面说到的重大生活事件，还包括父母不当教养方式造成的持续刺激、校园霸凌、"鸡娃"学校的"鸡娃"老师或"鸡娃"家庭的"鸡娃"父母等，都可以成为孩子的心理刺激事件，这种持续存在刺激特别容易造成抑郁甚至创伤。

青少年抑郁的诊断与鉴别

青少年抑郁的诊断需要符合症状标准、病程标准和排除标准。

症状标准

至少出现 5 个或以上下列症状，包括情绪低落、易激惹、兴趣减退、体重减轻、睡眠不好（失眠或睡眠过多）、精力不足、自我价值感低、内疚自责感、注意力不集中，甚至有自残或自杀的想法或企图。这些症状可以是自己察觉到的，也可以是家人观察到的，并造成明显的痛苦感，对学习和生活造成明显的影响。

病程标准

这些症状需要持续超过两周时间，这个两周时间并非是指两周之内存在，两周以后就不存在，而是说两周时间是个节点，在两周之内如果持续存在，那么很可能两周以后也会继续存在。

排除标准

排除标准是指这些症状不能归因于某种物质的生理效应，或其他躯体疾病，比如甲状腺功能低下、癫痫等。同时，症状也不能用分裂情感性障碍、精神分裂症、精神分裂症样障碍、妄想障碍或其他精神病性障碍来解释。特别涉及重大丧失（例如亲人离世、重大经济损失等）的反应，可能包括这些症状，类似抑郁发作，这是需要基于个人史描述丧失的刺激反应是否符合惯常模式来做出临床判断。

即便有了以上诊断标准，对于很多青少年的抑郁问题仍然存在很多混淆和模糊地带，造成误诊、漏诊等情况。误诊是指有抑郁却被诊断成其他病症，漏诊是指有抑郁或其他病症却没有被诊断出来。接下来聊聊几个容易和抑郁混淆的病症。

误诊一　抑郁情绪

我真的抑郁了？是不是我们感觉情绪低落，就一定是抑郁症呢？不是这样的。

情绪低落不一定就是抑郁症，而抑郁症也不只有情绪低落，还有其他的症状。把情绪低落一概地认定为是抑郁症，这种想法是存在一定误导的。我们不要轻易给自己或别人贴上"抑郁症"这个标签，虽然它是现今很常见的一个现象或者说是病症，但我们还是不要轻易给自己和别人贴这个标签，免得带来不必要的压力。"抑郁症"对很多人来说还是很可怕的一个字眼，大家都是避之唯恐不及。一旦被贴上这个标签，压力就会很大。有可能之前并不是抑郁症，一旦被贴上这个标签后反倒抑郁了，这是很常见的一个现象。

那么，我们如何鉴别正常人的低落情绪和抑郁症之间的区别呢？

其实，我们每个正常人都会有一些情绪低落的时候。情绪不好、失眠，这样个别的、正常人偶发的情绪现象，我们不能一概认定是抑郁症。低落情绪是否持续超过两周？首先要看持续时间。如果这种低落的情绪持续了一会儿或者是几个小时，之后又发生了一件开心的事情，你就开心起来了，那显然不是抑郁症。或者是发生了一件比较大的事情，低落情绪持续了几天，但几天以后也调节过来了，这种情况也可能不是真的抑郁症。我们认为几天、一周，甚至两周以内的这种情绪低落，都属于正常范围。但是，一旦超过了两周，就需要引起重视。因为抑郁症的诊断病程要求就是"两周"，就是指这种低落的情绪，一定要持续"两周"以上作为一个基础和前提。

那么，是不是持续两周的低落情绪就一定是抑郁症呢？也不一定，我们还要看其他的症状。只有符合这些抑郁症症状的数目，并且对正常的社会功能产生了严重的影响，其才会被诊断为抑郁症。

误诊二　焦虑症

很多人说抑郁和焦虑是孪生姐妹，总是一起出现，甚至焦虑可以是抑郁症的症状之一。焦虑和抑郁虽可共存，但其实还是不一样。接下来我们通过以下六个维度来理解抑郁和焦虑的区别。

第一个是动力角度。大家知道抑郁的动力常常是低的，几乎没动力做任何事情，对生活也没有什么热情和盼望，这是大家所理解的。但是焦虑是低动力吗？不是。焦虑的人在家里来来回回地踱步，担心这担心那，总是思考事情。焦虑的状态绝不是低动力状态，而是一种相对高动力的状态。什么叫相对高动力？看上去很有动力，但是这种焦灼的状态是没有效果的动力。

第二个是无力感。抑郁症可能有无力感，好像很力不从心，即便有那么一点想要做事情的想法，也是无力为之。而焦虑患者可能是用力过度，我要这个，我要那个，什么都想要，又担心什么都抓不住，是用力过度又没能有效用力的感觉。

第三个是目标感。抑郁症可能丧失目标，因为"习得性无助"而放弃目标，觉得"哎呀算了吧，反正我也做不到"，"立什么目标，我今年能不能活过到年底都不知道啊"，所以就不要目标，或者因目标遥不可及感到无望。焦虑症是对于目标过于看重，过度担心达不到目标，我一定要做到，但每一次都因担心自己做不到而焦虑。

第四个是是否容易放弃。抑郁更多想放弃，放弃是因为觉得自己抓不住，即使抓得住也没什么意义。而焦虑是抓得很紧，我要抓，我要抓，这次考试我一定要考第一名，这次的项目我一定要做得很漂亮，表现出色，这种抓得很紧就是焦虑的状态。但在抓的时候，并不确信，问自己"我能做到吗"，对自己没有这个信心，这就是焦虑。

第五个是躯体症状。抑郁症可能有躯体症状，但焦虑症躯体症状更多。抑郁可能会有睡眠问题，体力不支，食欲下降等，但焦虑可以"上头""上脸""上嘴"，也可以"上胃肠"。"上头"是指头晕、头痛，"上脸"是指脸上长痘痘，"上嘴"是指口腔溃疡，"上胃肠"是指腹泻、腹痛、便秘等问题。焦虑还体现为胸闷，呼吸困难，手抖，出汗。急性焦虑发作时的表现更加多样。

第六个是自杀意念。抑郁症患者常常心灰意冷，觉得生无可恋，甚至有想死的想法。"不想活"和"想死"其实并不一样，"不想活"是指活着太辛苦，压力太大，太煎熬；"想死"是指不但活着已经无可挂念，而且想积极拥抱死亡。焦虑症患者往往是百般努力不想死。

通过这六个方面，你会发现抑郁跟焦虑是很不一样的状态。抑郁症伴随的焦虑状态并不是一种主导状态，而是片段式的偶发状态，抑郁症患者的主导基调仍然是低落的，而焦虑症就是"焦"和"躁"的状态，两者之间区别显著。

了解抑郁和焦虑之间的区别，对于药物治疗和心理治疗都有重要意义。

误诊三 双相障碍

抑郁的反面就是躁狂或轻躁狂。如果既有抑郁又有躁狂或轻躁狂，就要诊断为"双相情感障碍"，而不是单相抑郁。是单相抑郁还是双相障碍对病情的理解和治疗方面都有重要意义，有关内容将在第 5 章中详述。

误诊四 创伤问题

很多青少年在经历了刺激事件之后，表现为创伤模式，即回避创伤环境，如不去学校、不出门等，情绪不稳，自我价值感低等，这样的表现和抑郁症很像，但不完全符合。尤其是有些孩子在休学回家之后，能吃能喝能玩能睡，丝毫不像是抑郁症，但一旦回到学校就表现出易激惹、抗拒、退缩、害怕等，这时候需要考虑是不是创伤问题。

关于青少年创伤问题会在后续章节中详述。

误诊五 人格问题

有些孩子在尚未成年时就表现出典型的性格缺陷或人格问题，主要包括偏执、过度敏感、极度自我中心、情绪极度不稳、反复自残自杀等问题，这时候需要考虑是不是有人格问题。人格问题会在后续章节中详述。

想要准确诊断抑郁症，不但要把握症状特点，还要把握发作特点、社会功能特点、家族史等。我们所说的"社会功能"的影响主要有哪些呢？就是指工作能力、社交兴趣、饮食、睡眠等这些正常的生活是不是有影响，对于学生则还要看学习的能力、注意力是不是有影响。一般的情绪低落对社会功能的影响是非常小的，但是一旦到了抑郁症的程度，对社会功能的影响就很明显。

有些人的抑郁症是一种反复发作，并且有持续加重的倾向。这一次持续了几天，过几天好了，但是过些天又发作了，并且发作的情况比上一次更加严重，甚至时间也更长了。虽然过几天还能够缓解，但是过不多久又会发生。这种反复发作、持续加重的倾向，也是抑郁症的一个表现，这不是一个正常的情绪起伏。

我们在每次做抑郁症评估的时候，还会对家族史进行排查。问家族当中，直系、旁系三代以内是不是有精神、心理方面的问题。不仅限于抑郁症，还有焦虑症、躁狂症、双相情感障碍、精神分裂、强迫症……这些都要问。如果有这个家族史，我们就会认为有这个基因因素的影响，加之后天不良的社会环境因素就会容易发病。如果有家族史，当你情绪不好的时候就需要重视和谨慎，最好能够请精神科医生做评估确诊，是不是达到了抑郁症的诊断标准。

青少年抑郁的治疗方法

青少年抑郁的治疗方法主要涉及心理治疗和药物治疗。

青少年抑郁问题的心理治疗

青少年的心理治疗比成人的心理治疗难得多。主要原因是青少年不太能表达自己的想法和感受，不知道如何表达。在心理咨询的过程中，注重交流、体验、分享、反馈、觉察，这些都需要一定的心智成熟度才能达成。面对青少年，咨询师需要有更加灵活的应对能力，更加广阔的思路，更加不落俗套的引导方法。关于这些技巧，在本书最后一章会和大家分享和青少年沟通交流的锦囊妙计。

青少年的心理治疗少不了家长的参与，就是家庭治疗。家庭治疗有很多流派，但基本原则是类似的，就是帮助发现家长和孩子之间不良的动力模式，帮助建立更加有效的沟通、更加和谐的关系。

青少年抑郁问题的药物治疗

到底什么样的抑郁症需要药物治疗？这种考量涉及很多因素，包括对诊断症状及其特点，治疗以及影响药物治疗的躯体状况，患者的主观感受，社会功能，生活质量以及药物经济负担等进行充分的评估。定期应用实验室检查及精神科量表进行疗效及耐受性、安全性方面的量化监测。这是笔者在这个治疗指南当中给出的第一个原则，听上去非常拗口难懂。接下来我们用通俗易懂的语言给大家解释一下。

因素一 症状及特点

有些抑郁症患者的主要症状表现是没有动力，起不了床，做不了事情，工作不了，这个主要表现会严重影响他的社会功能、工作学习。有一些抑郁症患者的主要特点是思路比较乱，一件事情会翻来覆去不停地想，而且会专门关注事情的消极面，没有办法自拔，虽然身体能动，但是脑子里面一团乱。还有一些特点就是他的专注力很难集中，专注力不集中也会导致学习能力、社会功能的下降。抑郁症还有一个特点就是社交焦虑。在人群当中特别在意别人对自己的看法，非常没有自信，别人对自己讲一句话，就会翻来覆去地想这句话是什么意思，会不会是对自己有一些意见、轻视、看不起等。这些社交焦虑的特点造成了社交障碍，使抑郁症患者很难跟人正常相处。这些症状都明显妨碍了患者功能。

因素二 主观感受

有些患者的程度可能没那么严重，但是主要症状是他所看重的，比如说社交这一块，他非常看重社交。但是，抑郁的症状让他没有办法跟人正常交往。所以他有急切的改善社交焦虑、社交障碍的愿望。那么这个部分的主观感受，也可以作为用药的参考因素。

因素三 躯体症状

有一些抑郁症患者会有头昏、乏力、肌肉疼痛的特点，会有睡眠的问题。这些问题如果是患者比较看重的，也可以成为我们用药的主要参考因素。

因素四 经济成本

现在抗抑郁药根据不同的种类，价格不等。一般来说，一个月的药费大概是在几百元到一千元、两千元。有一些家庭的经济状况不是特别好，药物经济负担比较重的，可能会考虑倾向于不用药。

因素五 实验室检查

实验室检查主要是指肝肾功能、甲状腺激素水平、血压血糖等指标。有一些药物经过肝肾代谢，会对肝肾功能有一些影响。所以我们会考虑在用药之前询问患者肝肾功能如何，还会问及心脏功能。

如果已经开始用药一到两周，我们会对患者进行疗效及耐受性、安全性方面的再次评估。衡量一下药物带来的积极疗效和副作用哪一个更强，评估下来，如果说疗效还好，副作用不是特别强烈，我们会考虑继续用药。安全性方面的考虑，包括一些药物之间的相互作用、一些药物给心脏带来的毒性，也包括已经有肝肾功能基础疾病的状况，药物可能会加重肝肾功能的恶化。还有一些辅助用药，比如说锂盐，安全窗较小，比较容易中毒，那么血液浓度的检查也是一个安全方面的考虑。

因素六　年龄

一般对于未成年的孩子来说，需要非常慎重地使用抗抑郁药。除非，抑郁非常严重，用药所带来的积极效果已经远远超过所带来的负面影响，才会考虑给未成年人用药。如果是老年人，我们就特别需要考虑他的基础身体状况，再考虑用药的问题。

因素七　用药时机

对于轻度的抑郁障碍患者，我们通常建议说可用药可不用药，可以先考虑尝试心理治疗，看看效果如何。如果是轻度的抑郁障碍患者，我们会在两周以后进行再次评估；如果是达到中度以上的患者，建议尽早服药。

建议中度以上的患者尽早服药，不仅仅是因为自助治疗和心理治疗的疗效可能没有办法很快见效；还有一方面的原因就是，达到中度以上的抑郁患者，在他的大脑当中可能已经开始有一些神经细胞的损害，特别是海马体这个部位。所以对于中度以上的抑郁症患者，我们会建议尽快服药。不仅仅是要纠正脑神经递质浓度异常的问题，更重要的原因就是防止脑神经细胞进一步损伤，甚至有一些研究表明，抗抑郁药物对脑神经细胞的修复是有帮助的。

因素八　个体化合理用药

对于每一个人使用抗抑郁药物，可能还需要有一些个性化的考虑。抗抑郁药物有很多种，这么多种抗抑郁药当中到底哪一种适合。其实，在用药之前，精神科医生只能通过主观经验给一个大概的选择。在这个选择当中考虑的要素，包括疗效、不良反应、性别差异、不同年龄患者的代谢差异、有没有自杀意念，还有就是之前是不是服用过抗抑郁药物，如果服用过抗抑郁药物，尽量选择过去疗效比较好的那一种，那么这一次很有可能疗效也会比较好。

所以，精神科医生凭着主观经验给患者使用第一种抗抑郁药物，对患者并不一定就有效，后面我们也会讲到换药的原则。

因素九　抗抑郁药单一使用

首次服用药物最好是单一服药，这是一个重要的用药原则。对于难治性的病例才可以考虑联合用药。但是在现实情况当中，很多精神科医生在一开始就会给患者联合用药，药量用得很重，造成了很严重的不良反应。

这一类情况，在现实生活当中是屡见不鲜，很多精神科医生会在一开始就联合用药，联合应用带来的后果就是患者不吃药了，我们叫作服药依从性比较差，甚至再提到药物都会产生阴影，再也不愿意服药，并且对精神科医生失去信任感，这就对后来的治疗造成了非常大的不便。

因素十　确定起始剂量及剂量调整

抗抑郁药的使用有这样一个特点，我们拿一种药物的使用过程举例。

如何确定有效剂量

一般来说，我们会从最低剂量开始，逐渐加量，直到达到合适的药效，叫作药物的滴定。在服药第1~2周内，根据药效和不良反应的平衡进行加量，调定到有效剂量。什么叫有效剂量？就是，看到明显的效果，改善症状，而且副作用的耐受又比较好。每种药物有通常的有效剂量。通常的有效剂量，是指每种药物通常的有效剂量范围，在不同的人身上在这个范围内可能会有少许的波动。在前两周我们达到有效剂量以后，就开始维持这个有效剂量。维持多久？我们一般认为两周以后抗抑郁药的疗效就比较稳定。特别是在2~4周，这2周的时间里面会比较稳定。到了4周，有些药物加量到最大剂量就不能再加量了，出现比较好的疗效。这个过程通常称为"急性期治疗"，大概3个月，之后便是巩固期治疗。巩固期3~6个月。在首发的病人当中，服药6~9个月后如果疗效比较稳定，可以考虑逐渐减量，到维持剂量。

所以，大概可以感受到，抗抑郁药物的服用从剂量和时间的维度来讲，像是一个梯形。从最小剂量开始加量到一个有效剂量或最大剂量，开始维持巩固——巩固——再减量最后到维持，这是一个梯形的过程。

对于首发病人来说，从最开始服药到维持剂量的整个时间来看，之前的指南认为6~9个月会比较合适。根据临床研究表明，这个时间长度的用药，复发率相对比较低。所以，很多人会问医生："吃药一个月已经好得差不多了，我是不是可以停药？"我们通常会建议不要停药，一般要维持服用6~9个月，这是我们之前的一个建议。后面会讲到更新版本的建议，你会看到这个维持时间会更长，大概需要1年。

因素十一　换药原则

如果足量或者是有效剂量服用至少4周没有明显的疗效，可确定无效，开始考虑换药。第一次换药可以在同一种类之间换药，也可以在不同种类之间换药。

因素十二　联合治疗

在换药无效的时候，我们可以考虑两种作用机制不同的抗抑郁药联合使用。有的时候会联合使用一些非抗抑郁药物，比如小剂量的奥氮平。两种不同机制的药物，当它们联合使用的时候可以起到一个协同作用，达到一个更好的效果。但需要注意，奥氮平有体重增加和嗜睡的副作用。

因素十三　停药原则

首发的抑郁症患者，在服药总时间未达到6~9个月时尽量不要停药，甚至在6~9个月以后，如果症状没有完全消失，最好继续服药。因为在停药后两个月内复发风险是最高的，即便停药以后，也建议坚持随访。随访的意思就是定期地跟精神科医生见面，对症状进行评估，看是不是有复发的迹象。如果有复发的迹象，建议尽快恢复原来所服用药物的有效剂量。

这一点非常重要，因为有太多的人对抗抑郁药物有不正确的认识。

- 抗抑郁药物有非常大的副作用。
- 抗抑郁药物有依赖性,一旦吃了就永远也放不下。
- 抗抑郁药物就是兴奋剂。

这些都是对抗抑郁药物的不正确认识,需要医生能够跟患者详细地讲解,让患者了解更多抗抑郁药物的药性特点、不良反应、禁忌证等,消除对抗抑郁药物的错误认识。

因素十四 治疗共病

如果抑郁症患者有共病的情况,那么也需要对其他的疾病同时进行治疗。有一些抗抑郁的药物,同时具有抗抑郁作用和抗焦虑的作用,甚至同时有抗强迫的作用。那这一类药物就是可以同时应对这些共病的问题。

但是,对于有共病情况的患者,我们需要进行单独评估。比如说他有抑郁的同时又有焦虑,那么我们需要对这两种情况进行单独评估、单独跟踪,看看药效如何。如果同一种药物应对两种情况效果不是很好,可能要考虑不同的药物。因此,在建议抑郁症患者使用抗抑郁药物之前,我们会详细询问抑郁症患者的家族史,询问躯体基础疾病,比如说心脏的问题,肝肾功能的问题,还有就是甲状腺功能的问题,这些疾病都对我们抗抑郁药物的使用有影响,需要了解清楚。我们还需要了解有没有物质依赖的问题,比如说使用毒品的问题,饮酒的情况,这些情况都需要考虑,因为这些情况都对抗抑郁药物的使用带来影响。比如说喝酒的问题,很多人喝酒比较厉害,每天都要喝。饮酒会加重抗抑郁药物的副作用,同时可能会削弱抗抑郁药物的疗效。

综上所述，我们对药物会有这样几个不同的建议：不建议服药；可服药可不服药；临床建议服药；临床强烈建议服药。我们一个一个来说。

建议一　不服药

不服药是指孩子根本没有抑郁症，达不到抑郁症诊断标准的情况。一些人可能觉得孩子情绪不太好，想通过服药让心情好些，但是评估下来还达不到抑郁症的诊断标准，那可能是抑郁情绪，或一时的抑郁状态，尚未构成抑郁症。那么如果达不到抑郁症的诊断标准，临床上是不建议服药的。

建议二　可服药可不服药

对于达到抑郁诊断标准的情况，但是处于轻度的，建议是可服药也可不服药。抑郁症分为轻度、中度和重度（有时还有极重度）三个不同的严重程度。临床研究发现，在轻度抑郁症患者当中，药物治疗的疗效跟非药物治疗的疗效是相仿的（比如心理治疗）。也就是说不服药，通过心理治疗，轻度抑郁症也能达到比较好的治疗效果。所以衡量下来，对于轻度抑郁症的情况，服药所带来的益处完全可以通过其他的方式达到。

建议三　服药

如果严重程度达到了中度或以上，建议服药。到了这一个严重程度，临床研究认为服药所带来的积极影响要超过服药所带来的消极影响，所以建议服药。

建议四 强烈建议服药

如果达到重度的严重程度,临床强烈建议服药。意思就是说服药所带来的积极效果,远远超过服药所带来的消极效果。

第 5 章 双相问题

青少年双相的主要表现 / 109

青少年双相的主要原因 / 114

青少年双相的评估诊断 / 115

青少年双相的治疗方法 / 116

双相问题

青少年在青春期受到很多因素影响,表现形式也很多样,爆发形式也强烈,造成表现形式和躁狂很像的时候就容易误诊。因此,在早年,青少年双相情感障碍在全世界范围内都有泛化误诊现象,甚至目前在中国仍有泛化误诊现象,明明只是抑郁的激越现象,却被认为是躁狂的激惹现象,进而误诊,用很重的药物造成严重副作用和并发症。躁狂中有两部分,一个是"躁",另一个是"狂"。目前很多精神科医生只注重了"躁"的部分,觉得发脾气就是躁狂,但其实缺少了"狂"部分的关注。"狂"是指思维奔逸,语速加快,自我评价异常高,很多奇思妙想、异想天开的想法,甚至有做大事的冲动等。

双相情感障碍是世界性难题。不管是在中国,还是在美国、欧洲,双相情感障碍的平均诊断年限是3~5年,也就是说平均要花3~5年时间才能确诊双相情感障碍。为什么这个病症需要花这么长时间才能确诊?主要因为这个病症中躁狂的部分有可能延迟爆发,或者躁狂部分在抗抑郁治疗过程中被诱发出来造成"药源性躁狂",以至于和原发躁狂无法分辨,再或者双相的病情发展需要时间,并非刚开始发病就呈现出典型的病症特点。

双相情感障碍本身就已经如此复杂,青少年的双相情感障碍就更复杂。

青少年双相的主要表现

有些人可能会误以为"双相"是指抑郁和焦虑同时存在,其实不是。"双相"是指抑郁和躁狂（或者轻躁狂）交替存在。这是情感障碍的两极、两端，抑郁在低端，包括低情绪、低动力、低兴趣、低体力、低自我看待、低自信、低自尊，什么都是低的。但是躁狂或轻躁狂相对都是高的，情绪高涨、思维奔逸、精力旺盛、动力十足，甚至到超出正常水平的程度，各种各样的奇思妙想冲击着患者的头脑，使得他亢奋得无法入睡，无法平静。

躁狂（或轻躁狂）的状态对一些孩子来说是相对比较好的，在这种状态下，他们的各方面状态都比抑郁状态好很多，至少不是失能状态，但有可能是过能状态或过度消耗状态。在抑郁的时候，好像自己什么都不是，什么都不能，什么都做不了，但到了躁狂（或轻躁狂）状态，就觉得自己无所不能，像超人一样，有种在云端的感觉。

很多人会对躁狂有一个误解，认为躁狂就是发疯，脱了衣服在大街上跑，或者出现非常狂烈、暴怒的情绪，或者像精神病一样地失去理智、失去逻辑、失去理性等。其实，类似的理解对躁狂而言都不是很准确。

下面来看躁狂的具体表现。

表现一　思维奔逸

思维如果到了奔逸的程度，那就不单单是想法多，而是多到无法容纳，甚至瞬息万变，语言都跟不上想法。不可否认，有一些想法还真的是挺好、挺聪明的想法，让人意想不到的想法。这些想法通常人不一定能想到。

表现二　情绪亢奋

双相患者经常说那种状态就像"可以征服全世界"，也难怪他们欲罢不能。他们不想吃药，也不要住院，就要这种状态。但这种状态是很有风险的，因为当我们处于躁狂（或轻躁狂）状态的时候，感受力会加倍增强，感受的不再仅仅是开心、快乐、愉悦这种普通的积极情绪，而是一种亢奋和狂热。在这种狂热状态下，就容易出现冲动行为，非理性行为，进而造成严重后果。

表现三 自我评价高

正是因为有很多好的想法，他们的自我评价也会变得很高，觉得自己很了不起，甚至是不可多得的奇才。这种过高的自我评价也会促发一些冲动行为。

> 我花10万块钱去做旅游有什么大不了？我这么厉害，很快就赚回来。
> 我花20万块钱去做一个投资有什么大不了？我一定能够赚钱的，因为我太聪明了，我简直是世界上最聪明的人。
> 我花30万块钱买一辆车有什么大不了，我这种人，这种身份的人，我是要表现我的身份，我到哪里都需要让人刮目相看。

但当躁狂结束后，回看自己这一段表现的时候，都觉得平时自己很害羞、很自卑，怎么那一段时间自我评价会那么高呢？

表现四 语速加快

因为想法多，语速自然加快，甚至给人一种压迫感。说完一件事情就说另外一件事情，不停地讲，并且话题的转换，有种随境转移的特点，就是说到一个想到另外一个，是在一个不断转换的状态中，甚至不容许别人插话。

表现五 冲动行为

有了想法，有了自信，很自然会实施行动。可是很多行动个人感觉是冲动的。

> 花很大的价钱买一些不必要的东西，或者想要去做一些大事，觉得自己聪明到一个地步，一天可以读一本书，一周写一本书，一个月学一门语言，甚至觉得自己可以开一家公司，做老板去创业，成为世界首富，而且觉得自己做什么都可以成功。

关键是这种想法和行动跟实际情况是非常不相符的，有非常大的差距，所以在旁人看来就像是一种非理性的思想和冲动的行为。甚至有些人可能会喝醉酒、酗酒，喝醉酒以后行为就更加不受控。比如说吸毒、打架、飙车、酒驾都有可能。这些我们认为是不负责任的、不计后果的冲动行为，但是在当事人眼中却是合乎逻辑的，并非冲动，甚至是非常有理性的。

表现六 虎头蛇尾

正是因为无法做到最初的想法，行动带有冲动性，常常会有虎头蛇尾的情况。这种虎头蛇尾、半途而废的情况造成很多事情无法完成，即便是能做到的事情也无法完成，因为做着做着就没兴趣继续做下去了，兴趣在转移。

表现七　睡眠障碍

大脑里不停地想改变世界的想法，又不停地在做很多事情，所以，觉得自己不需要睡眠，每个晚上就睡两三个小时、三四个小时，甚至根本就不睡，仍然觉得非常地亢奋。他们会想"我有这么多奇思妙想，每一个想法做起来都可以征服全世界。我哪有时间去睡觉"。

表现八　易激惹

睡眠少本身就会造成情绪不稳，再加上觉得自己很厉害，别人都是废物，妨碍了他改变世界的进程，所以很容易不满，很容易对人发脾气，这就是易激惹，甚至一言不合就开始吵架，甚至大打出手。

表现九　性欲亢进

在性欲的方面也会有亢进的表现。有一些躁狂病人，因为性欲高亢，行为不受控制，所以可能会发生一些不负责任的性行为，甚至与陌生人发生性行为。

表现十　精神症状

更糟糕的情况是有些躁狂患者会伴随一些精神症状，比如幻听和妄想，觉得好像听到了别人的悄悄话，好像听到了隐秘的言语，在诉说举世大秘密；觉得好像被人在跟踪，因为自己是一个重要人物，自己的存在可能会给一个国家的发展带来重要影响；或者有些患者会有幻视，看到天使，看到一些一般人看不到的东西。这些情况很可能是精神症状，需要及时就医，甚至住院治疗。

轻躁狂通常是没有精神症状的。很多时候，轻躁狂患者的功能也不受影响，只是有可能睡眠减少，但精力充足旺盛，也可以持续相对较长时间，数月或数年都可以，并不像躁狂只能持续几天。轻躁狂的坚持可以表现成坚韧，数年如一日坚持做一件事或几件事，甚至做成功，并不像躁狂那样做事虎头蛇尾、半途而废。所以，有人说，企业家或创业者就是要有轻躁狂精神。这种说法有一定道理，但是非专业人士对于躁狂程度的把握不好，就有可能陷入过度消耗然后陷入抑郁这样一个循环中。

抑郁和躁狂这两极之间有很多中间状态，这些中间状态的表现有时既不像抑郁，也不像躁狂，被称为"非典型双相"。这种情况同样需要经过精神科医生评估，药物治疗，定期复查。

以上所描述的症状均是躁狂的症状，这些症状跟患者平时的状态很不一样，所以在评估躁狂的时候需要有一个基线评估，这个基线评估需要患者家属来提供，或者在患者躁狂期过后，由本人来提供。根据这个基线的表现模式，能够判断躁狂期的表现是属于非正常的。这些非正常的症状表现，可能会对躁狂患者构成非常大的困扰和麻烦，甚至让他失去正常的工作能力、功能状态，以至于可能会丢掉工作，惹上刑事麻烦，甚至进监狱都有可能。

青少年双相的主要原因

双相障碍由多种影响因素促成。

因素一　遗传因素

双相障碍一般有遗传因素参与，其遗传倾向要比单相抑郁症更强一点。当你的父辈或者是家族三代以内有这种双相障碍的话，那么后代遗传这种双相障碍的可能性是比较大的。

因素二 用药情况

有一些抗抑郁药较高剂量的时候有诱发躁狂的倾向，不管是SSIR类、SNIR类，还是其他类的，都有这个风险，比如文拉法辛等。目前研究认为，药物诱发躁狂风险最低的两种抗抑郁药物是安非他酮和草酸艾司西酞普兰。

因素三 生理因素

有些生理因素也会造成躁狂发作，比如甲状腺功能亢进，也会有类似躁狂的症状表现，所以甲状腺功能检查是排除躯体因素的必检项目。

青少年双相的评估诊断

很多人在被确诊是抑郁症以后，很担心自己是不是也有躁狂。这需要请精神科医生进行评估，看你过往有没有过躁狂或轻躁狂的发作史。有的时候评估下来，发现症状不是很典型，严重程度不够重，或者持续时间达不到四天，或者说对生活的影响没那么严重，这个时候我们能不能诊断为典型的双相障碍呢？恐怕不能。

这时候，精神科医生或者可以诊断为未定型双相障碍，需要持续观察跟踪评估，因为这些躁狂症状、抑郁症状有可能会发展加重，变得更加典型。所以对此情况一定要跟踪评估，跟踪评估的频率要看病情的稳定程度。如果说相对比较稳定，我们可以一个月做一次评估，或三个月做一次评估。但是如果不稳定，可能一周、两周就需要做一次评估。

躁狂或轻躁狂的症状，有些情况会迟发。迟发是什么意思呢？如果孩子抑郁了很多年，躁狂都没有发作一次或者说没有一个典型的发作，并不代表以后永远不会有躁狂。

青少年双相的治疗方法

我们说到双相障碍的病理性可能更重一些，所以，是以药物治疗为主，心理治疗为辅，而且药物治疗需要尽快开始。

很多躁狂相的患者很享受躁狂的状态，因为人在躁狂的时候，精力特别旺盛的，自我感觉特别好，很多人没有自知力，觉得自己很正常啊，没有什么问题，所以不愿意服药，等到造成不良后果以后才知道，自己是需要看医生的。

双相障碍药物治疗会以情感稳定剂和抗精神病药联合用药为主。跟抑郁症不太一样，抑郁症我们首先会建议使用单种药物，而双相障碍我们一般会建议一开始就用两种药。一种药叫情感稳定剂，比如碳酸锂、丙戊酸盐、拉莫三嗪。一些本来是抗癫痫的药，也会用作情感稳定剂，比如卡马西平、奥卡西平等。还有一些抗精神病的药，比如富马酸喹硫平、奥氮平、阿立哌唑、利培酮和氯氮平，这些药物也有助于控制病情，尤其是改善双相障碍患者的睡眠问题。

第6章 焦虑问题

青少年焦虑的主要表现 / 119

青少年焦虑的主要原因 / 120

青少年焦虑障碍的诊断与鉴别 / 122

青少年焦虑障碍的治疗方法 / 123

焦虑问题

青少年的焦虑普遍存在，但却不是普遍表现出来。有些孩子总担心考试考不好，担心同学们不理他、孤立他，担心老师批评，有各种各样的担心却压抑在心里，外在表现是睡眠不好，食欲不佳，也有的表现为焦躁和愤怒，动不动就和父母吵起来。父母并不理解孩子的反应，可能还会批评指责，就会让亲子关系雪上加霜。

青少年焦虑的主要表现

青少年焦虑可以在心理层面，也可以在躯体层面。

表现一 心理症状

心理症状层面主要包括担忧、紧张、害怕和烦躁等，严重时精神高度紧绷，临近于崩溃的边缘，感到害怕、恐惧。同时还可能会伴有注意力不集中、警惕性增高、记忆力减退等。

表现二 躯体症状

有些人焦虑表现在头上，即头痛、头晕、失眠等，有些人焦虑表现在口腔，即口腔溃疡、牙痛等，有些人焦虑表现在脸上，即皮肤过敏或长痘痘，有些人焦虑表现在胃肠泌尿，即尿频、腹泻等。躯体层面还表现为心慌、胸闷、手抖、出汗，还有血压升高等。

表现三 焦虑动作

还有一些焦虑症状是指在特定场景下的动作，比如考试时不停抖腿、搓手，犯错误被惩罚时抓耳挠腮、拔头发等，可能是无意识的小动作，但表现出焦虑状态。

表现四 惊恐发作

惊恐发作是一种急性焦虑发作的表现，主要特点是突然发作的、不可预料的、反复出现的、强烈的惊恐体验。发作起止迅速，一般历时5~20分钟，就像一场突如其来的风暴一样，很少超过一个小时，但过不久可能会再次发作。

发作期间，患者始终是意识清醒的，个体的感受非常痛苦，同时伴有濒死感或者失控感。患者会体验到濒临灾难性结局的害怕和恐惧，感觉世界末日就要来了，极度的恐惧和担心。惊恐障碍的患者同时还会伴有自主神经功能失调的症状，主要表现是心慌、胸闷，很容易被误诊为心肌梗死。

惊恐障碍经历过一次之后，会带来一定的心理阴影，主要表现为担心再次发作，而表现为虚弱无力，没有精神，害怕一个人独处，不敢独自出门，需要家人陪伴。患者可能需要数小时到数天，或者更长时间，才能够从中好起来。

青少年焦虑的主要原因

青少年的焦虑可以有很多原因，包括来自老师、家长和朋辈的压力，已经内化在自己心里的高要求，对后果无力承担的担忧等。

原因一 外部压力

青春期的孩子默默承受着来自多方面的压力。学校和老师可以给孩子带来极大的压力，甚至很多孩子自杀的最主要原因就是来自学校老师的压力。笔者曾接诊一对父母，首诊哭摊在咨询室里，他们的孩子因为老师说"写不完作业就别来上学"压力太大，一天早晨纵身一跃，结束了自己 16 年的生命。如果家长不懂得体恤孩子，在老师压力基础上，还要再加一层压力，那么孩子的世界简直就是暗无天日。

原因二 内部压力

有些孩子从小就被父母使用各种压力压制着。

> 如果你去不了最好的小学，你就考不上最好的初中。
> 如果你去不了最好的初中，你就考不上最好的高中。
> 如果你去不了最好的高中，你就考不上最好的大学。
> 如果你去不了最好的大学，你就找不到好工作。
> 如果你找不到好工作，你的人生就完了。

很多家长都是用这套理论来套牢孩子的，岂不知套牢的不只是孩子的内心，也套牢了孩子的生命，使他们看不到希望，好像人生就是这样了，我做不到最好，我就是死路一条。这样的心态已牢牢印刻在孩子内心，成为他自己的认知，不断给自己压力。

原因三　担忧后果

很多老师或家长会因为孩子考试成绩不好施加惩罚措施，没收零花钱，没收手机或电脑，不准外出，甚至要受皮肉之苦，这种惩罚措施让孩子非常害怕考不好，甚至要说谎骗家长，免得受皮肉之苦，可是谎言终究会被戳穿，到那时要受更严厉的惩罚，更痛苦。这种对考不好的后果所产生的害怕也是焦虑的主要因素。

原因四　内疚心理

还有一些孩子太懂事，对于花父母的钱非常有负担感，甚至是内疚感，觉得花了父母这么多钱，还学不好，说不过去，总是对自己不满意，总是责怪自己没有考得更好，形成一种焦虑状态。

青少年焦虑障碍的诊断与鉴别

青少年焦虑障碍的诊断标准

青少年的焦虑诊断标准可以简述如下：
为一些事情过分焦虑和担心，难以控制这种担心，并表现出：①坐立不安或感到激动或紧张；②容易疲倦；③注意力难以集中或头脑一片空白；④易怒；⑤肌肉紧张；⑥睡眠障碍，出现这六种表现中的至少三种，并且这种焦虑、担心或躯体症状引起有临床意义的痛苦，或导致社交、职业或其他重要功能方面的损害。以上情况持续六个月以上并排除其他躯体性疾病即可诊断为广泛性焦虑障碍。

青少年焦虑障碍的鉴别诊断

焦虑障碍的临床表现跟一些躯体疾病有很多相似的地方,很容易被误诊为躯体疾病。要想正确评估焦虑障碍,除了了解临床症状之外,我们还要知道怎么样跟其他的躯体疾病进行鉴别。

鉴别一 心血管疾病

首先需要鉴别的是心血管疾病。焦虑障碍患者的躯体症状有心慌、胸闷,这个症状很容易让患者联想到心脏病,尤其是惊恐障碍患者,发作的程度很重,很容易被误诊为心肌梗死。惊恐障碍即使不治疗,一段时间之后,也能够自行缓解。但像心肌梗死这样的临床急症,是需要立即抢救的,不干预的话很少有人能够自行缓解。

鉴别二 甲状腺疾病

有些躯体疾病,比如说甲状腺功能亢进的患者,会继发焦虑。这种焦虑是由于甲状腺功能亢进继发的,两者有密切的关联。一般像这样的疾病,如果原发疾病治好了,继发的焦虑症状也会随之好转。

青少年焦虑障碍的治疗方法

尽管有些药物对青少年焦虑有效,但原则仍然是能不吃药就不吃药,可以尝试心理治疗调整焦虑情绪。但如果焦虑已经严重影响学习和生活，那就考虑药物治疗。有几类药物可以考虑，包括SSRI类药物，比如帕罗西汀（有些孩子服用后副作用比较大），比如5-HT1A受体类药物希德，还有苯二氮䓬类药物，比如阿普唑仑。需要注意苯二氮䓬类药物不适应长期服用，容易产生依赖性。

第7章
强迫问题

青少年强迫的主要表现　/ 127

青少年强迫的评估诊断　/ 130

青少年强迫的治疗方法　/ 130

强迫问题

青少年强迫症是一种以反复出现的强迫观念、强迫冲动，或者强迫行为等为主要临床表现的精神问题。请注意，强迫问题更多属于心理问题，还是精神问题，笔者倾向于后者，因为一旦患上强迫症，自己很难控制自己。如果已经到了失控的程度，那么精神因素会占比大一些。不排除有一些青少年，是因为遭受了精神创伤，导致他针对某个方面形成偏执的想法和行为，比如反复洗手是因为受到过性骚扰，觉得自己很脏。

青少年强迫的主要表现

青少年的强迫和成人的强迫表现大体一致，只是在强迫的内容上会有不同。

表现一 强迫观念

强迫观念主要是指反复闯入患者意识领域的，持久存在的一些思想、观念、表象、情绪、冲动或者意象。对于患者来说它不具有现实意义。他的一些观念并不是他自己所想要的，也可能是违反患者自己的意愿，患者知道这种观念没有必要，也试图去忽略或者避免，但是他没有办法摆脱，因此感觉到痛苦和苦恼。

强迫观念包含很多种，首先是强迫思维。强迫思维在强迫症患者中出现得较多，是一种以刻板形式，反复闯入患者头脑中的观念、表象，或者说冲动思维，几乎总是令患者感到痛苦。这些思维可能有暴力、猥琐或者毫无意义的内容，甚至会刨根问底。

> 为什么天是蓝的？
> 为什么地球是圆的？
> 为什么我长得这么矮？

还有些人会对于一些生活现象施加毫无关联的因果关系。

> 如果交通灯没有在3秒内变绿，我的爸爸就会得重病。
> 如果街上这个人没有在5秒内停止走路，我的奶奶就会得癌症。

有些孩子还会反复怀疑家门有没有锁好，煤气有没有关好，作业有没有写完等。孩子往往会通过很多途径来抵抗，但是无法成功。虽然这些思维是患者不自愿的甚至令他反感的，但是这种强迫思维还是属于患者自己的。

表现二　强迫行为

强迫行为是指通过反复的行为、动作以阻止或者降低强迫观念所导致的焦虑或痛苦，是仪式化的动作，常常继发于强迫观念。这些行为包括强迫检查、强迫洗涤、强迫计数和强迫仪式动作等。

强迫检查是患者为了减轻强迫怀疑所导致的焦虑而采取的一种措施。

> 反复检查门窗是否关好。
> 反复检查煤气是否关好。
> 反复检查电源插头是否拔掉。

强迫洗涤主要表现为反复清洗。

> 反复洗手，一天要洗四五十次，甚至洗到皮肤破裂，依然会忍受着刺痛继续洗手。
> 反复洗澡。
> 反复洗衣服，洗餐具。
> 总是担心受污染。

强迫计数主要表现为患者对于数字有强迫性观念，整日沉浸于毫无意义的计数动作中。

> 遇到一些电话号码，数字相关的号码牌，反复地进行默计。
> 遇到窗格、楼梯、楼层，也会反复不断地计数。

因而浪费了大量的时间，且不能自控。

强迫仪式动作是指反复出现的、刻板的、过分程序化或者仪式化的动作。通常是为了对抗某种强迫观念所导致的焦虑，而逐渐发展起来的。

> 出门一定要先迈左脚，然后再出门。一旦迈错，或者没有这样干，就必须要退回去，重新再来。
> 有时口中会念念有词。
> 回家一定要右脚迈进家门。
> 鞋子必须头朝东面摆放。
> 家中的家具、餐具的摆放，都有着刻板要求。

强迫行为大多数不是为了获得快感,但它很多时候可以使患者的焦虑和痛苦得到暂时的缓解。

青少年强迫的评估诊断

根据DSM-5,青少年强迫障碍的诊断标准可以简述如下:强迫观念是指患者感受到反复的、持续性的、侵入性的和不必要的想法、冲动或意向,大多数个体会引起显著的焦虑或痛苦,尽管个体试图忽略或压抑此类想法、冲动或意向,或用其他的想法或行为来中和它们。强迫行为是指重复行为(例如,洗手、排序、核对)或精神活动(例如,祈祷、计数、反复默念字词)。个体感到重复行为或精神活动是为应对强迫思维或根据必须严格执行的规则而被迫执行的,为的是防止或减少焦虑或痛苦,或防止某些可怕的事件或情况。然而,这些重复行为或精神活动与所设计的中和或预防的事件或情况缺乏现实的连接,或者明显是过度的。这些思维或行为每天消耗1小时以上,并且引起具有临床意义的痛苦,或导致社交、职业或其他重要功能方面的损害,又不能用其他原因解释。

青少年强迫的治疗方法

青少年强迫障碍的治疗方法是一半药物治疗,一半心理治疗。药物治疗有效性方面,目前研究给出的结果是在50%左右,即用遍常见的抗强迫药物,大概有一半患者可以找到比较有效的药物，明显缓解强迫症状，包括强迫思维和强迫行为，但也会有一半患者无法通过药物得到有效治疗。

从心理治疗来看，强迫障碍背后的逻辑经常是敏感纠结的性格受到压力刺激之后无法自我调适而造成强迫表现，所以强迫表现背后是在表达我无法接受这种压力、无法接受我无法接受压力的表现、无法接受我的现状等信息，想要通过强迫达成某种内心的平衡。其实，说到底，很多病症表现都是因为无法接受现实而出现内心的失衡所造成的。

第 8 章
多动问题

青少年多动的主要表现　/ 136
青少年多动的诊断与鉴别　/ 139
青少年多动的治疗方法　/ 145

多动问题

多动症的专业全称是"注意缺陷和/或多动障碍"（Attention Deficit and/or Hyperactivity Disorder, ADHD）。为什么有个"和/或"呢？因为有一些孩子只有注意缺陷，没有多动问题，有些孩子只有多动，没有注意缺陷，有些孩子两者都有。

多动症是目前青少年最容易被漏诊的病症之一。实际发病率要比目前看到的数据高很多。有很多孩子被漏诊，苦于多动症很多年，经受了很多老师和家长的误解，承受了很多不白之冤，后来发展出焦虑和抑郁问题。

当前，通常情况是你去专门诊治抑郁症焦虑症的医生那里看诊，多半会被诊断为抑郁症或焦虑症；你去看专门诊断双相精分的医生，多半会被诊断为双相或精分；你去看专门诊断多动症自闭症的医生，多半会被诊断为多动症或自闭症。为什么会这样呢？是因为很多医生在从业一些年头之后，会对某种或某几种病症特别感兴趣，然后专门学习、训练这几种病症的诊治，而对其他病症就开始减少接触，造成临床眼光会对他专长的病症比较敏锐，而逐渐丧失了以全息眼光来看待患者，虽然在最初，他对什么病症都略知一二，但后来就只是对特定病症深入研究了。

专业优秀的精神科医生既要对某些病症有专门的研究，也要不断训练自己保持全息的眼光来看待患者/来访者，否则就可能漏诊或误诊。

青少年多动的主要表现

多动症的表现形式可谓是千变万化。虽然表面上主要以注意缺陷、多动和冲动为表现形式,但其实有些孩子的多动表现并不典型,容易造成漏诊。

表现一 注意力不集中

显而易见,注意力不集中是多动症的典型症状。但大家对注意力不集中的理解可能不同。到底注意力集中多久算集中,10 分钟？20 分钟？30 分钟？从笔者个人观点来看,青少年的注意力只要能集中 30 分钟以上,就基本够用了。30 分钟作为一个学习单元,之后休息 5~10 分钟,再进行 30 分钟学习,其实对学习来说足够用。不要奢望青少年注意力可以连续集中 60 分钟、90 分钟、120 分钟,成年人都未必能做到。

番茄时间管理法中说到的经典的时间使用就是 25+5 的模式,即 25 分钟学习,5 分钟休息,再来 25 分钟学习,再 5 分钟休息。如果孩子的注意力无法达到 25 分钟,估计很可能会对学习造成影响,就需要进行注意力训练。

有些多动症的孩子虽然在很多事情上无法集中注意力,但在一些特别的事情上却可以超级专注,比如搭乐高、看课外书、玩游戏等。

表现二 多动

多动症孩子的多动表现也是多样的,可以表现为无法安静地坐在椅子上,总是要扭来扭曲,走来走去,或者无法安静地不做任何动作，总是有各种各样的小动作，抓耳挠腮，捋头发。有些孩子的多动表现为同时进行多任务，写作业的同时，手上一边转笔，一边捋头发，耳朵里听着音乐，脚上转动着足球。还有些孩子的多动体现在课堂上总是挑逗其他同学，和其他同学说话，不遵守课堂纪律，造成被老师批评。

表现三 冲动行为

冲动是指多动症的孩子有很多突发奇想，想到之后大脑无法对这个想法进行理性筛选和控制，想到就做了，做了之后发现这是个错误决定，并且有不良后果，这就是冲动行为。可是，在冲动并且被动承担了不良后果后，多动的孩子几乎无法从这个经验中吸取教训，造成反复犯同样的错误。很多老师和家长就会因此对孩子做出很严厉的批评。

> 你怎么又把椅子腿翘得这么高，上次你摔倒摔伤后脑不记得了吗？
>
> 你怎么又抓女同学的头发，上次那位女同学的家长来找你算账，你不记得了吗？
>
> 你怎么又上课说笑话，老师因为你上次说笑话罚你站半小时，你不记得了吗？

尽管一次又一次管教、惩罚，都无法阻止多动孩子再次犯错的倾向和冲动。

表现四 情绪不稳

多动症孩子的情绪不稳既包括对自己的不满，也包括被别人批评指责太多而有的委屈情绪。因为注意力无法集中而对自己不满,因为多动而烦躁,又因为常常被老师和家长批评指责而很委屈愤怒,心里想:

> 明明我已经很努力了,他们看不见我的努力,只能看见我做得不好。
> 又不是我不想做好,可我就是做不到啊!

表现五 睡眠问题

多动症孩子头脑中有很多奇思妙想,大脑皮层很活跃,而且体力好像有无限的潜能,晚上睡前也不容易安静下来,就造成入睡困难。有些孩子还会早醒,睡眠时间总长明显比其他同龄孩子少 2~3 小时。缺少睡眠又可能影响孩子的情绪。

很多家长需要在白天想方设法消耗孩子的体力,做各种运动,到晚上才能睡得容易些。

表现六 人际问题

因为多动总是惹到别人,很多多动症孩子会陷入人际关系问题,甚至经常发生冲突。一旦发生冲突,很可能家长和老师都会责怪多动症孩子,因为他平时总是不守规矩,所以孩子就会委屈,甚至破罐破摔,故意报复等,造成人际关系进一步恶化。

表现七 浅尝辄止

由于多动症孩子在兴趣方面需要不断有新尝试、新体验,才能满足不断变换的兴趣要求,其外在表现很可能是做事情虎头蛇尾、浅尝辄止，用大人的话来说就是"没有长性"。这个特点会给孩子带来很多困扰，因为有些事情就是需要坚持做的，比如学习写作业、习惯养成等。

通过以上对多动孩子表现的描述，不知大家是否意识到多动的表现和抑郁的注意力不集中和躁狂的兴奋都有相似之处。接下来我们针对多动和抑郁及躁狂的相似点进行区分。

青少年多动的诊断与鉴别

青少年多动的评估诊断

多动症的评估流程非常复杂，需要孩子本人面诊、家长及学校老师的配合。经过临床访谈评估、量表评估、身体检查之后，才能初步诊断。临床访谈是指精神科医生（具备ADHD诊疗受训及经验的精神科医生）对孩子本人进行访谈，观察孩子在对话中的表现，包括语言能力、表情状态、身体姿态和动态，还需要家长提供孩子日常生活中的习惯行为、情绪状态等信息。根据诊断标准，ADHD的诊断需要至少两个不同场景下的评估，一般来说是家庭和学校两个场景。

对于学校场景，最理想的评估方式是评估师在孩子不知情但家长和老师知情同意的前提下，到学校暗地里观摩孩子在课堂上的表现，这样的观摩是最真实的。但在现实操作中，目前国内很少会有评估师去学校评估，因为时间花费和需要沟通的流程比较烦琐，因此对于学校场景的评估仅仅是把量表发给学校老师，老师根据孩子在学校的表现填写表格，再反馈给医生。学校场景的评估至少需要熟悉孩子的两位老师参与评估。

同时，还需对孩子的身体状况进行排除性检查，因为有一些身体状况会影响孩子的专注力，混淆视听。这些身体状况包括贫血、微量元素缺乏、甲状腺激素异常或血糖异常。相应地，需要做血常规、微量元素六项、甲状腺功能五项和血糖检查。如果这些指标出现异常，那就需要转介相应的专科医生进行进一步评估，看是否需要服用相应的药物。如果专科医生认为需要用药，那么精神科医生需要考量专科用药和精神科用药是否冲突的问题。

青少年多动与抑郁的鉴别

前面提到，很多被诊断为"抑郁症"的孩子久治不愈，后来发现还有"多动症"的问题，因为漏诊没有得到及时诊治。那么具体来说，两种病症到底有哪些交叉症状呢？比如注意力不集中、记忆力不好、拖延、失眠、急躁，还常有挫败感等，这些是消极方面。除此之外，还有一个比较积极的方面，就是抑郁症和多动症患者都可能在某方面比较有才华，甚至是天分。接下来，我们一一讲解这些症状。

区别点一　注意力不集中

多动症孩子注意力不集中很好理解，那么抑郁症为什么也注意力不集中呢？

不管是注意力还是记忆力，抑郁症患者都可能因为抑郁症对脑细胞的侵蚀而出现受损迹象，抑郁症久治不愈，大脑功能受损，甚至认知功能减退。这点听上去好像很可怕，很严重，但现有研究认为，这些损伤是可以通过抗抑郁药物治疗得到有效缓解的。尽管抑郁症和多动症都可以有注意力不集中的问题，但表现形式会有所不同。多动症的注意力不集中显得孩子很灵光，而抑郁症的不集中显得孩子很迟钝。

区别点二　动力不足

抑郁症孩子因为动力不足、兴趣减低而拖延，觉得即便我做了这件事又有什么意义呢。多动症孩子的拖延是因为注意力不集中，本来想要做的事情，中途不断分心，一会儿看看这个，一会儿看看那个，就是没有办法专注做该做的事情。抑郁症孩子动力、体力偏低，无法完成任务，达成目标。多动症孩子体力充沛、动力偏散。动力偏散是指动力无法集中放在一件事上，一会儿干这件事，一会儿干那件事。多动症孩子的体力非常充沛，好像有用不完的体力，白天要是不把体力消耗掉，晚上就睡不着，失眠，入睡困难。另外，抑郁症孩子在做决定的时候常常犹豫不决，内心纠结，我该这样还是该那样，总怕做了错误决定。而多动症孩子在做决定时不会想太多，很快做决定，冲动做决定，造成后果之后，又很难从冲动的后果中吸取教训。

区别点三　睡眠问题

众所周知，抑郁症会造成失眠，因为大脑功能失调，或者说因为惆怅、绝望。多动症的失眠是因为大脑过于兴奋，被各种各样的奇思妙想激发，无法安静。所以多动症孩子大多数是入睡困难，而抑郁症孩子可以有入睡困难，也可以有半夜多醒、早醒等。

区别点四　挫败感

抑郁症孩子和多动症孩子都会急躁，也会有易挫败感。抑郁症孩子是因为本来我就不想做这件事，做起来还这么难，所以急躁、挫败。多动症孩子是因为我有那么多事情想做，怎么这一件事都做不好，还这么麻烦。

区别点五　多有才华

关于才华和天分，笔者看到很多抑郁症和多动症的孩子擅长音乐、美术、写作等。抑郁症除了先天的遗传因素以外，还有一个重要因素就是因大脑神经系统敏感（如果不是过敏的话），感受力很强，对很多事物有敏锐的感受力，加之练习，就可以达到超出常人的水平。多动症孩子很多都是先天有才华、有天赋的。

区别点六　情绪模式

抑郁症多是情绪低落，而且持续情绪低落。多动症情绪多偏高，常常可以被有趣的事情激发积极愉悦的情绪，但很快对旧事物丧失兴趣，要不断找新兴趣。

以上概括阐述了抑郁症跟多动症不同的症状表现，作为鉴别的参考依据。

青少年多动与双相的鉴别

多动和双相的鉴别也不容易，主要有以下几点可供参考。

相似点一　思维活跃且发散

轻躁狂或多动的孩子都可以有很多奇思妙想。他们的神经系统比常人更加活跃，所释放的电信号和化学信号更加丰富，神经突触连接方式更加错综复杂。这种神经系统特点可以表现为有序的聪明、兴趣广泛、才艺出众，也可以表现为无序的混乱、冲动。

相似点二 冲动

轻躁狂的冲动是因为情绪高涨，思维奔逸，想法很多，来不及冷静思考，就做起来。躁狂的冲动可具备强烈的破坏性，有可能造成非常大的、严重的后果。冲动也是 ADHD 孩子的第三大类核心症状。多动症孩子的冲动表现为做事情无法从之前的经验中获取教训，鲁莽行事，但一般不会造成严重后果。

相似点三 兴趣广泛

轻躁狂和多动的孩子通常都有广泛的兴趣，什么都想尝试，也都能练就一点技能，但不一定能够深耕。特殊情况是，轻躁狂的孩子可以在感兴趣的事情上坚持很多年，多动的孩子对感兴趣的事情注意力过度集中到超乎想象，比如玩乐高、读书等。

对此，很多多动症孩子的家长就很困惑。我的孩子到底是不是多动症？如果他是多动症，为什么玩乐高他可以玩那么久，玩汽车模型他可以玩那么久、那么专注？

大家需要明白，多动症的孩子在某些方面可以过度专注，而不是不专注。当他在某一方面过度专注的时候，不代表他就没有多动症。

相似点四 睡眠问题

多数躁狂或轻躁狂孩子会有全面的睡眠问题，包括入睡困难、睡眠总体时间少、多梦、早醒等问题。多动孩子一般来说以入睡困难为主，别的孩子倒下就睡，多动孩子至少要一个小时才能入睡，有些情况下也会有睡眠总体时间短的情况。

以上四点就是多动和轻躁狂的相似之处。下面说说不同之处。

不同点一　发病时间

多动发病一般是在很小的时候，甚至在 6 岁之前就体现出各种症状，但服药需要到 6 岁之后。双相一般是在青春期才会发病，女生多在 13 岁，男生多在 15 岁，这是临床经验。

不同点二　情绪特点

双相孩子的情绪一般是有节律性的，就是一段时间比较高涨，一段时间比较低落。多动孩子也会出现抑郁和焦虑情绪，但节律性并不明显，可能突然就开心了，突然就不开心了，没有特别的规律性。

不同点三　动作特点

双相孩子在功能状态还可以的时候，动作多为长期的大动作和大计划，意思是立一个长志向，做一件大事，可能会坚持一段时间，然后半途而废，也可能一直坚持。比如既想读书读到博士，又想去创业，还想去工作，几件事情可以同时进行。多动孩子的动作体现在小动作和多任务同时进行，比如在写作业的时候，一边写作业，一边戴着耳机听歌，一边脚下踩着足球，一边手上摆着笔，另外一只手还在转头发，同时做四五件事情。

不同点四　执行功能

双相和多动的前额叶皮质功能受损程度可能不一样。前额叶皮质掌管的是统筹、执行、理性分析，是大脑司令部。多动孩子的前额叶皮质几乎都有明显受损，有些轻躁狂的孩子前额叶皮质受损不一定明显。

不同点五　注意力不集中的原理

双相孩子的注意力不集中多因情绪不稳，情绪影响注意力，但多动孩子的注意力不集中不一定和情绪有关，而是一种常态。

从以上几方面可以看到，双相跟多动症还是有很多不同，可以鉴别。但如果双相跟多动共病在一起，那我们做这样的鉴别就会更加困难。

青少年多动的治疗方法

经过评估和排查，确诊 ADHD 之后，就要考虑是否用药的问题。目前，在国内专门治疗多动症的药物有两种，一种是专注达，一种是择思达。还有一些非专门针对多动症但临床上也在用的药物，在这里就不展开说明。

专注达和择思达是两种很不一样的药物。从药物有效性上来说，笔者基于个人临床经验认为，专注达有效性和起效时间上明显优于择思达，很多孩子服药当天就可以看到明显效果，而择思达在起效时间和药效上都差一些。从副作用角度看，两种药物都有几种常见副作用，包括头痛、食欲减退、入睡困难等。另外，专注达作为 I 类管控药，具有潜在的依赖性和成瘾性，择思达虽然没有依赖性和成瘾性，但很多患者反馈胃肠道反应强烈，甚至无法忍受。

多动症的治疗绝不仅仅是药物治疗，还包括心理治疗和行为训练。

多动症最好的治疗团队是孩子、家长、精神科医生、心理咨询师、行为治疗师组成的团队。除此之外，有些病例通过物理仪器的治疗也颇见成效，比如经颅磁刺激仪。要澄清的是，目前对于经颅磁刺激仪的使用规范在不同国家有不同的适用指征。在澳大利亚，经颅磁刺激仪只被批准用于抑郁症的治疗。在中国，似乎可以用于更加广泛的精神心理病症，包括抑郁症、焦虑症、失眠、多动症等。

多动症的心理治疗主要是针对认知调节和情绪管理。行为治疗主要训练应对生活情景中的具体问题，应用有效策略应对诸如无法专注写作业、容易忘记约定、无法遵守规则等。行为训练以主题模块形式进行，每个模块包括 4~8 次行为治疗。

第9章
进食问题

青少年进食问题的主要表现 /150
青少年进食障碍的诊断与鉴别 /151
青少年进食障碍的治疗方法 /156

进食问题

很多家长没听说过进食障碍，觉得进食障碍是一件很不能理解的事情，吃东西嘛，为什么会有障碍呢？甚至有很多家长认为厌食症就是吃不下东西。如果大家对神经性厌食症的理解是吃不下东西，那恐怕是一种误解。

患有神经性厌食症的孩子不是吃不下东西，甚至可能是很想吃，但是控制自己太狠了，不允许自己吃，比如会把带油的菜，在一碗清水里面涮一涮再吃，甚至在吃的时候只会用门牙微微地嚼一点，然后用纸巾把油给抹掉，不让油进入嘴巴里。又比如在吃饭时藏食，故意把食物掉到桌子底下去，或者趁着妈妈不注意偷偷扔到窗外去。

可能对很多人来说，这些做法很奇怪，但是有的孩子真的在吃东西这件事情上无比纠结，对于体重这件事情无比困惑。

进食障碍是一件非常痛苦的事。其痛苦不是我们没有经历过的人能够想象的。

对于进食障碍的治疗，目前国内还处在比较初级的阶段。

据笔者了解，无论是北京六院还是上海精神卫生中心，对于进食障碍的治疗，虽然在住院期间可以让患者增重5公斤到10公斤都没有问题，但是心理治疗却严重不匹配，跟不上节奏，以至于出院之后在很短时间内，住院期间增长的体重就会全部减掉，或者通过强烈禁食，或者通过疯狂锻炼，导致住院治疗的效果前功尽弃。

在澳大利亚访学时观摩进食障碍的治疗，笔者看到了很大的希望。他们更加关注心理治疗，通过使用大量的团体治疗和工娱治疗，让进食障碍的孩子能够借助团体动力改变认知，进而改变行为。

对于进食障碍这件事，我们需要知道，它不仅仅是一个具有病理性特征、需要靠药物、靠饮食调理来治疗的一种病症，同时，也需要心理治疗。如果忽略了心理治疗，那么很可能出现前功尽弃的现象。

很多孩子因为进食障碍瘦得很严重，从 50 多公斤瘦到 40 公斤，再瘦到 30 公斤。一米六的身高，只有 30 多公斤，你可以想象已经瘦成什么样子了。有的女生甚至连月经都停了。一般来说，女生体重如果少于 40 公斤，就有可能闭经，因为体重对内分泌的影响非常大，而闭经对身体发育的影响也非常大。

青少年进食问题的主要表现

青少年的进食障碍大体来说，可以叫作对食物的"又爱又恨"。有太多好吃的在吸引着孩子们，可是吃太多就会有问题，他们不一定在意健康不健康的问题，但他们在意身材好不好，会不会影响外在形象的问题。在一个普遍看重颜值的时代，青少年也已经被卷入这个潮流，很小的孩子就可能因为颜值、身材苦恼，甚至基于外貌划定圈子。圈层文化在一些学校中盛行，造成很多青少年被忽略甚至在无意间被无声霸凌的情况。

青少年进食障碍可以有各种各样不同的表现，主要包括厌食、贪食和暴食三种类型。三种情况都体现了对食物的"又爱又恨"。食物在很大程度上成为孩子和外界联结的桥梁，成为孩子表达心声的方式，成为孩子心态的直接反映。当孩子过度依赖这种表达方式时，就会出现进食障碍。进食障碍在一定程度上体现了孩子的人格特质，体现了孩子在面对现实压力时的应对方式。

青少年进食障碍的诊断与鉴别

青少年神经性厌食症

神经性厌食症的科学定义是基于性别、年龄、发育轨迹和身体健康标准，因限制能量的摄取而导致显著的体重低。那这个显著的体重低有没有量化标准？有的。我们用什么指标来看？我们一般采用BMI（Body Mass Index），即"体重指数"。显著的体重低被定义为低于正常体重的最低值。神经性厌食的孩子即使处于显著的低体重，仍然强烈害怕体重增加。什么叫强烈害怕？每天要上秤无数次，哪怕有0.1公斤的增加她就会大喊大叫说，"啊！我的体重又增加了0.1公斤"。

很多神经性厌食的孩子有体象障碍。体象障碍是指对于身材或体重这件事有明显不同于常人的标准。比如说一个女孩，身高165厘米，体重只有40公斤，其实很瘦了，但她就是觉得自己胖。每次穿衣服时，觉得衣服穿进去太紧，觉得赘肉怎么这么多；每次把裤脚蜷起来时，觉得自己的腿好粗，她觉得受不了。每次照镜子时，都觉得自己怎么这么胖，没办法接受，不断告诉自己：我需要更瘦。瘦到什么时候？35公斤？不够，还要再瘦。30公斤？还是不够，还要再瘦。30公斤已经是皮包骨头了。虽然这是比较极端的个案，但很多女孩确实会在体重这件事上无下限。很多世界名模，不管是中国的还是国外的，都有某种程度的神经性厌食症。为了要保持一个身材，没有办法忍受胖一点点。

几乎每种诊断都需要有病程标准，厌食症也不例外。厌食症的病程要求是 3 个月,即厌食表现要持续 3 个月以上才算是达到诊断标准。严重程度是按照 BMI 指数划分,BMI 的算法是用体重(以公斤计数)除以身高(以米计数)的平方得出的数字。一般来说,理想的 BMI 指数应该在 18.5 到 24.9 之间。低于 18.5 说明体重过轻,高于 24.9 说明体重超标。一旦 BMI 低于 18,就认为这个已经低于下限了。作为厌食症严重程度的参考,17~18 是轻度,16~17 是中度,15~16 是重度,低于 15,那就表示非常严重。

青少年暴食障碍

暴食障碍的科学概念是指在不连续的时间段当中可以摄入大量食物。什么叫作大量食物?这一定是非同寻常的食量,看上去很吓人的量,并不是比平时饭量多一点点而已,而是多很多,甚至是两三倍的食量。比如平时只吃一碗面,忽然有一天她吃了三碗面,又吃了两个馒头,三个面包,五个火腿。

不但吃得多,而且进食难以控制。明明吃饱了,但还是要吃,控制不住地吃,而且进食速度很快,不停往嘴巴里塞,甚至同时塞很多食物,看着都吓人,真可以称之为狼吞虎咽。看起来好像很久没吃东西很饿,但其实一点都不是饿的原因。即便撑到难受了也不会停止,还会继续吃。即便肚子很胀了,但还是要吃。那就说明这并非通常饮食的状态。

吃完了以后怎么样?是很舒服地躺在那里,还是舒服地出去散散步?都不是,而是会有强烈的罪恶感,心情会非常沮丧。内心的声音嘈杂不堪。

> 唉！我怎么又吃这么多啊！我都答应了自己，我答应了我的妈妈，我答应了我的咨询师，我答应了我的医生，我不要再这么吃了，我答应我的男朋友，我答应我的好朋友，我不要这么吃，为什么我又吃这么多？

暴食之后会非常自责，并因为自责而痛苦。如果这种情况持续三个月以上，每周平均至少一次这种吃法，这个时候我们就认为很可能有暴食的问题。

但最后一个标准大家需要关注，就是吃过之后有没有补偿行为。什么叫补偿行为？比如手指催吐，吃泻药拉肚子，过度锻炼，甚至是疯狂锻炼，每天在健身房待8个小时，好像是一种补偿。请注意，暴食症是没有这种补偿行为的，只是吃。这是它跟贪食症很大的区别。

青少年神经性贪食症

贪食症也是大量地吃东西，无法控制地吃东西，那这跟暴食有什么区别呢？一个显著的区别在于会有反复出现的、不适当的代偿行为，以预防体重增加。也就是说患者会认为：我吃了这么多，我心里面太过意不去了，我需要去平衡一下我的心理，那怎么办？那就来催吐，或者用泻药，或者用过度锻炼的方式让体重不要增加。所以，你会发现暴食症患者的体重可能增加得比较明显，而贪食症患者的体重增加不一定明显，因为贪食症虽然吃很多，但是有补偿行为在，已经把吃下去的东西给弄出去了或消耗掉了。

暴食症与贪食症的鉴别

接下来,我们来对比暴食和贪食,看看两者在以下维度有哪些不同:发作频率、发病年龄、发病原因、体重影响、伴随症状、体象问题。

对比一 发作频率

暴食可能有阶段性、节律性或时段性,而贪食是持续性的。暴食是指在某段时间里压力很大,比如工作压力大、考试压力大,感到很紧张,通过暴食缓解压力,过了这段时间就好了,就不暴食了;而贪食是持续的,一直都是这样,不管有没有压力,都是这样。

对比二 发病年龄

暴食更多出现在成年女性中,青年,20~30岁。而贪食一般发生在青春期,十几岁的女孩子,和厌食交替出现。但也有个别病例,厌食和贪食从青春期起一直迁延不愈,直至青年,都还存在。

对比三 发病原因

暴食更多和情绪心理有关,贪食不止和情绪心理有关,还跟遗传因素、神经生物因素、心理因素等有关。

对比四 体重影响

暴食多有体重增加,贪食多无体重增加。这是由有没有代偿行为所决定的。

对比五 伴随症状

贪食更多伴随负面情绪，如焦虑、抑郁、痛苦等。暴食可能也有负面情绪，不过持续时间相对短暂。

对比六 体象问题

暴食多无体象问题，贪食多有体象问题，虽然不一定到体象障碍的严重程度。暴食不用代偿行为，体重会稍胖，虽然当事人不能接受，但没有说非要减下去不可的程度。贪食则不同，很可能有体象问题。所以可以说，贪食是更严重的问题，它不但有情绪心理因素，还有遗传因素、神经生物因素，表现出来的是更复杂的状况。又因为发病常常在青春期，所带来的功能受损也很明显。

很多进食障碍的孩子会有抑郁症和焦虑症，或者说伴随抑郁、焦虑状态。而抑郁和焦虑很容易掩盖进食障碍的问题。精神科医生在做评估的时候，一定不要忘记问一下：你吃东西怎么样？你睡眠怎么样？这两个问题看上去是非常普通的问题，却必须要问，因为一问你就会发现，原来吃东西不太好，或者暴食或者厌食，但她自己都没有意识到。

抑郁焦虑先发生，试图通过食物来缓解情绪或者重获控制感，反而加重了抑郁焦虑情绪。很多人觉得吃东西能缓解情绪，你也有同感吗？如果说小时候孩子哭，父母给点好吃的，孩子就不哭了，一次两次可能问题不大，但久而久之，刺激和反射就会形成联结，条件反射就建立起来了。心情不好就想吃东西，一吃东西心情就好了。孩子小的时候，家长觉得无所谓，不就是吃点好吃的，但到了青春期或成年，这个应对方式就有可能成为问题。

还有一个路径，就是进食障碍背后的人格问题先表现出来，然后出现抑郁焦虑，再出现进食障碍。为什么把进食障碍背后的人格问题这么突显地表达出来，是因为在临床经验中，很多进食障碍的孩子表现出一定程度的人格问题。如果你的孩子有进食障碍，那么请原谅我这么说，希望这句话没有冒犯到你。但这种描述或许是一个提醒，就是不管孩子是厌食、贪食，还是暴食，我们需要关注孩子人格方面的问题。如果没有，那当然好，如果有这方面的倾向，我们需要及时关注和介入。

青少年进食障碍的治疗方法

同样地，青少年进食障碍的治疗涉及药物治疗和心理治疗。从发病原理角度来讲，贪食症和暴食症更容易通过药物控制症状，厌食症的药物治疗效果很有限。

所谓的发病原理是指暴食症和贪食症的进食行为更容易通过药物控制，比如百忧解、妥泰等，但对于厌食症来说，即便有药物可以提高食欲、辅助进食，孩子体重增加之后，心理这关过不了，也是很痛苦的，孩子很可能会在体重增加后疯狂减重。

进食障碍的心理治疗涉及个人认知改善、家庭系统动力改变以及团体治疗带来的人际关系改善，当然营养师根据心理治疗进度设计合适的营养餐也很重要，这是一个复杂的专业团队治疗过程。

第10章
创伤问题

青少年创伤问题的主要表现 / 161

青少年创伤后应激障碍的诊断 / 162

青少年创伤问题的治疗方法 / 164

创伤问题

当前,青少年创伤问题越来越普遍。

很多人问什么是创伤?是不是丧亲,或是经历重大身体伤害、重大疾病,才叫创伤?不是的。请相信,在我们现在这个年代,孩子非常容易受创伤。不是因为创伤事件太多,而是我们的孩子心理承受力太弱。

创伤本身是一个相对概念。不是说发生了一件看似很严重的事情就一定会发生创伤。比如地震,是不是"5·12"大地震后,所有四川汶川的人都受创伤、都得了创伤后遗症呢?不一定,有些人很快就恢复了,有些人就留下了创伤。再如,老师课堂上批评一句,对于很多人来说没关系,有什么大不了,下课就忘了,但对有些孩子来说就形成了创伤。

所以,创伤不但要看事件的严重程度,还要看经历这个事件的当事人的承受能力如何。如果承受能力很弱,那么可能一件很小的事情就会形成创伤。

早年,大家的生活条件还比较艰苦,社会环境比较艰难,不知不觉就会遭受一些环境的磨砺,艰苦的日子能磨砺人。当时觉得很苦,现在看来也不一定是件坏事,因为心理承受力和耐受力都会得到训练,进而大幅提高,所以即便发生了什么事,大脑中所登记的信息也不一定是创伤信息,因为觉得没什么大不了。

在现在这个年代,大家的生活条件逐渐变好,不再有那么多艰苦环境,除非是深山老林、贫困地区,有那个艰苦的环境可以训练孩子。在大城市,基本没这种机会。孩子大多出身在衣食无忧的家庭,如果再不着意去训练他的耐受力和承受力,他的情绪情感神经就会很脆弱,经常会因为一句话而受伤。

> 你怎么这么笨，说了多少次你都不记得这题怎么做。
> 你长得怎么这么丑。
> 我再也不跟你玩了，我们绝交吧。

这些话和事件都可能成为孩子的心理创伤。更别说在家庭环境中，如果是一个有暴力倾向的父亲打过他一巴掌，或者经常打骂这个孩子，或者突然有一天给他断网，突然有一天把他的手机摔掉，这些都有可能成为孩子的创伤。

但是由于他承受力太弱而受的创伤，我们却不能简单批评他承受力太弱，我们需要了解创伤到底是怎么回事。

创伤就是在孩子这个年纪所经历的一件事，让当时的他无法承受，以至于这个受伤事件，在他心里形成一个负面情绪能量的淤结，并在神经系统里标记为"创伤记忆"，他没有办法去应对，没有办法去释怀，就会形成创伤印记。

每一个创伤都会造成"心结"，或"心理按钮"，当触碰到这个点的时候就会爆发。这种爆发，在旁人眼里会认为，

> 至于吗？
> 有什么大不了的？
> 为什么有这么大反应？

但这种过度反应在当事人心里关系到创伤点，这个创伤点只要一触碰到，就会大发雷霆，控制不住。其实他也不想这样，但他不知道为什么会这样。所以，愤怒在一定程度上可以说其背后有可能是伤痛。

这个创伤，在他长大以后，到青春期时，很容易被触碰到。这个特点从认知神经科学来说，就是"恐惧"和"痛苦"这两种情绪记忆的编码原理和提取原理与其他情绪不太一样。这种不一样在于，只要有任何因素激活了这种情绪记忆，那么就可以绕开通常的情绪管控模式，直接爆发。这种逻辑和人类生存本能有关。

创伤在社交关系中会有体现，在家庭生活中也容易表现出来。

青少年创伤问题的主要表现

青少年的创伤问题可以有很多表现形式。

表现一 情感脆弱

很多青少年成长的环境是完全无压力的，家长对孩子百依百顺，什么要求都答应，几乎从来不会批评指责，造成孩子从来没有经受过压力训练，也不知道如何应对不如意的事实，也无法承受自己行为的后果，表现为情绪情感很脆弱，女孩子动不动就哭起来，男孩子动不动就发脾气。家长也很无奈地说，"怎么我一跟孩子说话他就暴脾气，他怎么情绪这么多呢？"这种情况要么是平时太宠溺，于是孩子有一点点不满意就发脾气，要么就是可能跟创伤或积怨有关，就是说家长的表达方式已经反复造成孩子的不良情绪，孩子产生了非常不耐烦、非常痛苦、非常受伤的心理。

表现二 社会功能受损

青少年的社会功能主要包括与人交流互动、去学校上学、参与和拓展社会活动等。当青少年出现创伤问题，主要表现就是不能出门、不能上学。不管创伤是在家发生的，还是在学校发生的，都会造成安全感不足，而家是相对安全的地方，即便爸爸可能暴力对待他，他也宁愿待在家里。

表现三　行为退缩

行为退缩不仅仅包括不能出门、不能上学，而是在很多该承担的责任上都表现出退缩迹象，比如承担家务、参与活动、学习技能等。

表现四　自我评价低

经受创伤之后，孩子很容易对自己有负面评价，觉得自己好像这里不行、那里不好，甚至是一无是处，自尊、自信明显受损。

基于以上描述，我们来对比一下目前被官方收录的关于创伤的诊断类别。

青少年创伤后应激障碍的诊断

创伤后应激障碍

创伤后应激障碍（PTSD）是指个体经历、目睹或遭遇到一个或多个涉及自身或他人的实际死亡，或受到死亡的威胁，或严重的受伤，或躯体完整性受到威胁后，所导致的个体延迟出现和持续存在的精神障碍。这个概念告诉我们，创伤事件可以是自己经历的，也可以是看见别人经历的。PTSD主要有三大症状表现，分别是闪回、过度警觉和回避。

表现一 闪回

闪回是指在创伤事件已经过去，但在生活中仍然在微小刺激或无刺激的情况下头脑中会回现创伤场景的片段，进而出现恐惧、退缩等反应。

表现二 过度警觉

过度警觉是在闪回的刺激下出现与当下情景不符的紧张、警觉状态，好像随时有危险发生，但实际上并没有危险。

表现三 回避

回避是指在面对某些场景时预判会发生危险，进而采取回避的方式，但实际上并不会有危险。这种回避常常造成社会功能的受损，比如无法参加多人聚餐，无法出现在某种场所等。

基于以上描述，可以看出青少年的创伤不一定有闪回，也不一定有过度警觉，但可能有回避和退缩行为。所以，青少年创伤并不能划归到 PTSD 范畴。

复杂型创伤后应激障碍

创伤分为两种类型，一型创伤跟二型创伤。一型创伤一般是一次性的，短期的。二型创伤是指复杂性的创伤，是持续或反复出现的，尤其是虐待或性侵犯相关的创伤。虐待在中国文化里能够被理解的大部分是口头虐待或者身体虐待，很少想到性虐待。

为什么说在家庭环境当中，会持续和反复出现虐待呢？因为在家庭环境中，孩子很小时，即便受到伤害，也不敢走出家门，因为他没有谋生的能力，没有独立的能力，可能会觉得外面要比家里更可怕，所以只能忍受这种伤害，这对孩子来说也是极大的伤害。再比如，孩子经常被父母责打，在学校被同学霸凌，在课外班被老师或教练羞辱，也会有这种不同程度的、反复发生的创伤，也就是造成复杂型创伤后应激障碍（C-PTSD）。

我们对于 PTSD 相对熟悉，其三大典型症状是反复体验创伤场景，逃避与创伤相关的刺激，过度警觉。实际上，我们发现 C-PTSD 表现要更加复杂，除了这三种典型表现外，还包括：（1）难以把控情绪，暴怒，无法控制地哭泣。（2）人际困难，跟人相处的时候有很大的问题。（3）负面的自我概念，自我贬低，挫败感，毫无价值，觉得自己很没用，是废物。我们经常在案例分析当中看到，孩子会说自己是一个废物，一无是处，这是极度负面的自我概念。

基于以上描述，青少年创伤可以有人际困难，可以有负面的自我评价，但不一定有极大的情绪困难或障碍。综上所述，青少年创伤问题既不完全符合 PTSD，又不完全符合 C-PTSD，是一种特殊类型的创伤模式。

青少年创伤问题的治疗方法

创伤问题是没有药物可以进行针对性治疗的，但可以通过心理治疗帮助孩子走出创伤模式和创伤困境。

据笔者所知，目前在美国最有效的三大治疗方法是眼动脱敏重整治疗（EMDR）、认知加工疗法（CPT）和延长暴露疗法（PE）。以上三种主流方式尚未在中国得到广泛应用，在中国文化下对中国人群的适应性有待考察。

从笔者观点来看，创伤治疗涉及在本土文化背景下，基于创伤发生的认知模式和情绪模式，从青少年患者本人及其家庭系统角度同时工作，帮助青少年创伤患者重建自我认知，尤其是重塑被创伤破坏的自我价值感，进而打破创伤印记和创伤模式，使得神经系统将创伤记忆信息重新标记为非创伤记忆信息。

针对近些年越来越普遍的青少年创伤问题，笔者尝试综合运用情绪聚焦技术、意象法、隔空自我对话技术、认知行为疗法，还有脑神经认知原理，整合出一套专门针对青少年创伤的治疗方法体系，我们可以暂且称之为"意象重建疗法"。不敢说这是一种独创的疗法，因为很多理论都是已经存在的，笔者只是对这些理论进行重组和整合，特别是结合对脑神经的认知原理的理解。脑神经的认知理论告诉我们，大脑在创伤事件发生后，登记了创伤信息，并非一成不变，而是在事后每次回忆时进行主动重构。

> **意象重建疗法**
>
> 举例来说，在12岁时，当事人经历了一个创伤性事件，大脑登记了创伤信息。经过赋能训练之后，通过意象法技术将当事人带回到12岁那个事件现场，通过隔空对话技术，让已经被赋能的现在的自己赋能给当时的自己，使那时的当事人承受力增加，以至于在重新构建事件现场时，大脑在识别创伤信息时所得出的判别结果就不再是创伤，而是非创伤信息。

简单说就是这样一个过程。笔者在实践当中发现这是一种非常有效的创伤治疗方法。

第11章
人格问题

青少年人格问题的主要表现　/ 170
青少年人格障碍的主要原因　/ 173
青少年人格障碍的诊断与鉴别　/ 176
　　青少年人格障碍的治疗方法　/ 193

人格问题

很多家长，包括一些掌握心理学知识的家长，可能对于人格问题、人格障碍有一些了解。过去，人格障碍大多是在18岁以后才会被诊断，18岁以前一般不诊断为人格障碍。这是因为过去研究者认为，人格在18岁之前尚未定型。

那么对于青少年来说，是不是人格障碍与他们就没有任何关系呢？

2013年，DSM-5对人格障碍的诊断标准有过修改，专家组经广泛研究，认为人格问题不仅仅存在于成年人中，而是在青春期就已经开始有明显迹象。

人格问题不是要到17岁或16岁才会有，其实在15岁或14岁甚至更小的年龄段，就有一些孩子表现出明显的人格问题，当然，不一定达到人格障碍的程度。

人格障碍和人格问题有程度上的不同，要区别看待。

一个人的人格问题要符合一系列标准，才能够被称为人格障碍。如果只有一个或少数几个人格类症状表现，那就还没达到人格障碍的诊断标准，我们把它称为人格问题（有时也称为"性格缺陷"），不能诊断为人格障碍。如果在十四五岁甚至更小时，已经表现出明显的人格问题，现在是可以诊断的，因为最新的诊断标准已经把18岁的年龄限制取消了。边缘型人格障碍、偏执型人格障碍、自恋型人格障碍等都可以在18岁之前诊断，只要他有稳定的行为特点、人格特点持续时间满1年就可以诊断，只有反社会型人格障碍还是要到18岁之后才能诊断。

这个诊断标准的修改在传递一个重要信号，就是虽然孩子还未成年，也不能忽略他们可能出现人格问题。假如一旦被医生诊断为抑郁症，治了好久都治不好，吃了多种药都不见效的时候，你必须要想到孩子是否有人格问题、创伤类问题、多动症问题、成瘾问题和其他共病的问题。

人格问题常常与抑郁症共病，可以同时被诊断。在医院仅得到一个抑郁症诊断是不够的，很可能还有其他问题。

人格障碍是指明显偏离了文化背景的一种内心体验或行为的持久模式。

文化背景对于判断一个行为是否正常是重要的参考依据。同一种行为在美国文化里和在中国文化里，大家的理解是不一样的。比如说文身现象，可能在美国青少年中很普遍，但在中国却很少，仅在一些国际学校或某些社区能见到个例，而大部分中国孩子是不文身的。中国孩子要文身，家长一般无法接受，因为文身在我们的文化背景下属于偏离正常的行为。还有打舌钉、打唇钉等，这些都让我们觉得是特立独行的行为，可在美国就不这么认为。不管是一种行为也好，一种想法也好，还是一种感受也好，都要考虑到文化背景。

青少年人格问题的主要表现

表现一　持久模式

精神科医生看待一种行为，不会把单次的行为作为依据直接进行判断，而是针对持续、反复的模式进行判断。例如，青少年告诉你，说有一天他忽然在墙上看到一条龙，以前从未见过，精神科医生不能立刻判断这就是幻觉、幻视、妄想或精神分裂症，因为对这种单一行为很难直接判断，需要有反复发生的持续性的模式，才能对之做出相对正确的判断。

人格障碍也一样。如果孩子只是一次歇斯底里地对你吼叫道，

> 妈妈，我要去文身、去染发、去打舌钉！
> 你要是不给钱我就打你！

仅根据这样的行为，暂不能认为就是出现了人格问题，因为仅凭这一次还不能够判断他是否已经形成一种行为模式、思维模式、反应模式。

持久模式和行为泛化都是很重要的诊断概念。"行为泛化"是指某种行为不只是针对某个人或某种场景才出现，而是不管面对什么人、不管在什么场合，都会出现。如果没有泛化，那算是人格问题吗？不能算。

若父母对孩子不好，长期压抑他，致使他心里有积怨，面对父母时就会表露出来，但对待别人都很正常，也就是说没有泛化，这就不能算是人格障碍。

表现二 缺乏弹性

缺乏弹性是指孩子在某方面过度坚持自己的某些观点和做法，没有商量余地、没有回转空间的，这叫缺乏弹性，也称为固化。即便在事件过后复盘时，要么无法从认知上意识到自己的想法和做法的问题，要么是即使认识到，也不会在行为上有任何改变。

表现三 认知模式

人格问题所表现出的认知是指对自我、他人和事件的感知、解释方式与其他人迥然不同，已经明显超出了文化背景下约定俗

成的可以接受的范围。偏执型人格会表现为出乎意料的猜疑、敌意等,一般人不会有的反应,他出其不意的反应会让人觉得很意外,觉得"他怎么会这么想",同时又让人觉得很不舒服、很反感。边缘型人格会有对人的极端认知,要么极好,要么极坏,甚至在对同一个人极好和极坏的评价之间只需要很短的时间就可以发生改变。反社会型人格障碍患者缺乏同情心、怜悯心,甚至在给别人造成严重伤害时都不一定会感到痛苦。很多罪行严重的杀人犯就可能会有反社会人格的倾向。比如说前些年发生的杀人案,罪犯杀了很多人却丝毫没有悔过之意,他觉得杀人是他的一种职业,是他的一种生活方式,施害于人却毫无同情恻隐之心。

表现四 情绪情感模式

人格障碍患者的情绪情感模式同常人明显不一样。偏执型敏感多疑,好嫉妒,对挫折和失败无法接受,过度敏感。分裂样人格情感异常淡漠,即使对自己的孩子也很少展现温情。反社会型缺乏同情心和羞愧感。边缘型有情绪骤变的特点,上一秒天堂,下一秒地狱。

表现五 人际模式

人格障碍患者的人际模式,表现为或是一定要同别人在一起,或是极不愿意同别人在一起,这两种极端都是人际关系功能不良的表现。一个真正健康的人在人际关系上应是既可以享受独处,也可以享受群处,并且在独处和群处之间来往自由。就是说我一个人可以很开心,同众人在一起也很开心,没有任何障碍。在一个群处的环境下,当回到独处时不会觉得失落,在一个独处状态下又不得不去参加群体活动时也觉得无所谓,这就是群处与独处之间来往自由，才是真正健康的人际关系，一般很少人能做到。

表现六　行为模式

从行为角度，要么过于冲动，要么过于回避，要么过于依赖，要么一会儿冲动一会儿回避，反复无常。这些行为特点都一定会在某个社会功能维度上造成损害。

青少年人格障碍的主要原因

人格障碍的原因主要包括遗传、性格特点、家庭环境、个人成长经历和社会环境等。

原因一　遗传

遗传因素在人格障碍的研究中排在首位，但具体是哪个或哪些基因在当中扮演了重要角色，它们彼此之间又是如何相互作用的，目前尚无一致性结论，仅有不同理论供参考。但在具体家庭中，可以看到当父母具有明显人格问题时，不可能不对孩子产生明确影响。偏执型父母带出偏执型孩子，边缘型父母带出边缘型孩子，自恋型父母带出自恋边缘型或自恋型孩子等情况层出不穷。

原因二　性格特点

性格特点和遗传因素密切相关。过于敏感、纠结、脆弱，都可能造成孩子的性格缺陷。这里重点提一下完美主义倾向。

完美主义分为两种：一种叫适应性的或者健康的完美主义，另一种叫不适应性的或者不健康的完美主义。完美主义要求很高，高到近乎完美，其实这个状态很难达到。健康的完美主义指的是：我的能力很强，我能做到接近我所要求的理想状态，并且我能接受离理想状态还存在微小差距，这种差距不仅不会使我产生严重情绪反应，反而成为一种动力鼓励我，让我不断去改进，做得更好。不健康的完美主义指的是：我的要求和期待的标准很高，但是能力不够，能做到的离目标还有很大差距，并且因不能接受这种差距存在的事实从而产生各种各样的情绪反应。

不健康的完美主义常有的特质是高敏感、高要求和高期待。

高敏感是一种特质，这种特质以神经系统特点为基础，加之后天环境和经历的磨砺，造成高敏感特质。高敏感就是不管对别人或对自己的评价都非常敏感，别人只要有一点负面评价就接受不了。高要求就是我一定要做得比别人好，主要是针对自己的要求。高期待是指对事情的结果有很高的期待，这种高期待和低现实之间的差距就会带来各种各样的情绪：抑郁、焦虑、强迫等。当面对这种情绪没有能力去管理它、没有能力去应对它时，内心冲突挣扎，张力太大，就会生发出各种各样的病症：自残、自杀、精神障碍等。

不健康的完美主义是人格不健全的一个特点。表面上看某一青春期的孩子患上抑郁症，实际上并非单患有抑郁症那么简单，可能还有不健康的完美主义。青春期孩子是个很复杂的个体，他可能有抑郁、有焦虑，甚至可能会有一些人格问题，当然不一定达到人格障碍的程度。

原因三　家庭环境

家庭环境既包括物理环境，即所居住的房子、小区和城市，也包括关系环境，即指父母的教养方式。

当我们说什么型父母带出什么型孩子时，已经包括了遗传和家庭环境这两方面的因素。基因在很大程度上决定性格，性格在很大程度上决定教养方式，教养方式在很大程度上决定养育环境，养育环境在很大程度上影响孩子的性格和人格。没有多少孩子能够在未成年时很早就形成敏锐的分辨力，能够识别出父母不良的教养方式带给自己的负面影响，进而选择性地规避这些负面影响，这几乎是不可能的。等到长大发现这个事实时，恐怕影响已经造成。但必须说，所谓原生家庭的影响并非不可改变。所以原生家庭理论认为"三岁看到老""儿童敏感期决定一生""童年形成的模式会一直存在"，都存在有道理的部分，但也不是绝对正确。从笔者所学习的神经可塑性角度来看，原生家庭带来的所有影响都可以通过后天或在第二环境（离开原生家庭后的环境）中有效重塑。

原因四　个人成长经历

个人成长经历对人格的影响看上去似非而是。

很多人觉得偶尔一次生活事件不会对人造成根本性改变。但其实我们很难说清楚每个生活事件，或大或小，对孩子到底产生了怎样的影响。有可能，之前一些小事件好像都没有产生什么影响，等到一个大事件发生，孩子就彻底改变了。

> 举例来说，一个青少年整天玩游戏，不好好学习，晚上玩到很晚，白天上课睡觉，放学回家不写作业，继续玩游戏，考试一塌糊涂。父母怎么说都不听，就是要玩游戏。可是，突然有一天，孩子把手机收起来了，游戏也删了，开始按时睡觉，好好听课，认真做作业，成

> 绩也提高了，你觉得莫名其妙。后来才知道，原来是因为谈恋爱了。爱情给了他动力，让他完全改变了对自己的要求，想要力争好成绩。可是，故事还没有结束，恋爱了三个月，分手了。在这个关键点上，有些孩子会再次回到原来玩游戏的模式，有些孩子会继续努力学习，因为找到了自己的目标，建立了动力模式，就一发不可收拾。
>
> 恋爱这个生活事件可以激发一个孩子，失恋也可以打击一个孩子。

反过来说，看似好像不是什么大不了的事情，对于孩子来说，就可能造成创伤。这些都是个人成长经历带来的影响。

原因五　社会环境

社会环境在个人人格发展过程中扮演的角色基本上是通过家庭环境来实现的。比如，现在是一个"鸡娃"的时代，很多家长因为社会竞争压力大，从小就开始"鸡娃"，不能让孩子输在起跑线上，恨不得幼儿园就要跑在前列，不然就担心以后人生不幸福。家长在竞争激烈的社会环境下，所有的想法、言论、行为都在家庭环境中潜移默化地影响着孩子。

青少年人格障碍的诊断与鉴别

人格问题的评估和诊断一般都是由精神科医生临床面诊访谈和使用量表评估。

对于人格障碍的确定，临床访谈评估很重要。在临床访谈评估时，不仅患者本人要与医生面谈，其家人也要为医生提供相关信息。如果患者是一个青春期孩子，那父母提供的信息就非常重要。父母在他成长过程中所看到的、听到的、感受到的都要告诉医生，通过父母所提供的信息，医生就可以更加准确地了解孩子成长过程中有怎样的持久模式、人格特质，进而判断是否会有人格问题。

笔者接触过的孩子中，最早出现人格问题倾向的只有11岁。很小就开始不合群，没有办法接地气，看别人总是不顺眼，总觉得自己是落入凡间的精灵，总觉得自己与别人不一样，总觉得自己孤独没有办法同这个世界联结，反复地自残自杀，总会去想一些哲学问题，这就让人觉得有人格问题。

未满18岁的孩子患上抑郁，可能不仅仅单是抑郁的问题，须好好检查一下是否有人格问题。对抑郁症、焦虑症、双相情感障碍与人格障碍的诊断容易混淆。得了抑郁症还可能同时患有焦虑症，也可能不是单相抑郁而是双相情感障碍或兼有抽烟、喝酒、吸毒、游戏成瘾等，有的还会与精神分裂症、自闭症、多动症共病。

人格障碍的专业分类

DSM-5进一步把人格障碍分成了A、B、C三大类。A类人格障碍最主要的特点就是一个词，叫古怪（eccentric）。古怪这一类的人格障碍分三种：偏执型人格障碍，分裂样人格障碍和分裂型人格。

A类一 偏执型人格障碍

偏执型人格障碍大家可能比较熟悉。偏执与固执有什么区别？很多人会认为偏执就是固执，固执就是偏执，其实不然。偏执与固执是不同的，准确地说，偏执是比固执更加严重的症状。固执一般指坚持自己的想法，不管谁怎么说都无法改变我的想法，而偏执则是不仅谁都没有办法改变我的想法，我还要去改变别人想法，如果你不与我一样，我就生气，甚至想要攻击你。

偏执型人格的特点主要是不相信别人、多疑，对人充满敌意，好争论，有很严重的不安全感，对任何人都保持警惕。这类患者怀疑任何人都对他不好，这个人居心不良背后说我坏话对我不利，那个人居心叵测要设计陷害我等。因为带有偏执型人格的人对任何人都充满敌意，似乎所有人都要去伤害他，所以他就特别容易同别人争论，甚至有攻击性。

偏执型人格障碍和反社会型人格障碍患者的攻击性都非常强，动不动就与对方争论起来。偏执型人格障碍患者一般不动手，反社会型人格障碍患者就经常会动手，所以后者的攻击性比前者的攻击性更强。偏执型患者和反社会型患者在攻击别人之后，是否都会有同情心去向被攻击者道歉呢？前者有时有，有时没有；后者则基本上是没有的，甚至认为杀了你都不应道歉。

A 类二 & 三　分裂样人格障碍 & 分裂型人格障碍

这两种比较少见，它们与精神类问题中的精神分裂症很像，都是同社会不亲近的、脱节的，但两者之间还是有较大区别。分裂样人格障碍患者的情绪表达是受限的，即感受到的情绪有限，与别人亲近或疏远都不会有什么感觉，所以会离群索居，经常一个人生活。分裂型人格障碍患者则是另一种情形，他与别人很亲近时感到极度不适，他的感受很强烈，可能会有认知、感知方面的扭曲，会对亲密关系感到极度不适，所以也会远离人群。这方面两者间稍微有点区别。

B 类人格障碍的特点用三个词来描述，分别是戏剧化、情绪化、紊乱型。

前面说的那种分裂样、分裂型都是远离人群的，你不要靠近我，我要离你远远的。而 B 类人格障碍患者却喜欢与别人互动，会惹麻烦。

B 类一 反社会型人格障碍

反社会型几乎是最严重的人格障碍，其主要特点是无视他人权益和社会规则，具有破坏性、攻击性，缺乏同情心，不负责任。反社会型人格在人的青春期时就会表现出来，如经常跟人打架，打任何阻碍他的人甚至会去打老师，想当黑社会老大，不愿意上学，经常逃课，整天想着吃喝玩乐，没有任何责任心，严重的会触犯法律等，家长和老师都对之没有办法。这种类型的孩子在家啃老，并认为是理所当然的，如不给钱就是家长错，就要打家长，打过之后没有任何同情心，也不知道悔过，不懂得父母对自己有养育之恩。

反社会型人格障碍诊断一定要达到 18 岁的规定，也许同法律层面的考量有关。这是最常发生违法犯罪的人格障碍类型，杀人犯或者其他重刑犯都可能会有反社会型人格障碍。

B 类二 边缘型人格障碍

边缘型人格障碍（Borderline Personality Disorder, BPD）最多，很多青少年都会有，我们重点讲解。

边缘型人格障碍在 DSM-5 中的诊断标准是，"一种人际关系、自我形象和情感不稳定以及显著冲动的普遍模式；起始不晚于成年早期，存在于各种背景下，表现为下列五项（或更多）症状"。

这个定义提到了"自我形象"，更准确地说是一种自我身份感，就是自己跟自己的关系，而人际关系是自我跟他人的关系。边缘型人格在这两个维度上都有明显的冲突和问题，以至于表现为一种紊乱状态。

在临床上，精神科医生做人格障碍评估都需要非常谨慎和小心，我们需要充分了解他的现病史、过去史、成长的环境、父母的家庭教养方式，以及创伤史等各方面的情况。不要轻易给别人下这样的一个判断，因为这种人格障碍的标签负担是非常重的，一旦医生告诉患者说你有边缘型人格障碍，可能会影响患者的一生。

BPD共有九大典型症状，下面一一讲解。

症状一：身份感紊乱 显著持续的、不稳定的自我形象或自我感觉。

> 我到底是谁，我不知道。
> 我知道我是女的，我知道我身高1米7，我知道我叫什么名字，但是我不知道我是谁。

> 对于自己的外在可见特质是知道的，但对于内在不可见特质却非常模糊，不知道自己的喜好、兴趣、擅长、潜力，也不知道自己的偏恶、劣势、短板，不知道自己的目标、动力机制、人生意义，也不知道自己向往什么样的生活，要做什么样的人。

边缘型人格障碍患者有非常不稳定的自我看待，自我身份感漂移（shifting self-identity）。今天我是这样的，明天又是那样的，甚至在一天当中就可以不停变化，最终连自己也困在里面，非常痛苦。这是 BPD 非常典型的特色症状，可以区别于其他病症，如 C-PTSD（参见第 163 页）。

症状二：极度害怕被遗弃 这也是边缘型人格障碍非常有特色的症状。

极度害怕被遗弃到什么程度，就是常常想象可能被遗弃的场面，让自己哪怕是风吹草动都会无法承受，歇斯底里，反应极端。

> 两个人谈恋爱，发一个信息，对方五分钟没回，就强烈怀疑对方出轨，我要打 100 个电话，甚至不管相隔多远，坐飞机过去，要看看他是不是在出轨，就很担心被对方抛弃，这是极度害怕被遗弃的典型症状。

症状三：极不稳定的人际关系模式 这种人际关系模式以在极端理想化和极端贬低之间交替变动为主要特点。当提到"人际关系紧张"，大家可能认为是"唉，我跟同事的关系有点紧张啊，说起话来挺别扭的"或者"我跟老板的关系比较紧张，每次看他的时候有点害怕"。这并不是 BPD 所说的人际关系模型！在 BPD 的人际关系模型中，重要特点是"极端理想化"和"极端变异"。

"极端理想化"就是我见你第一面就觉得你太好了，甚至"一见钟情"，在很短的时间里，我就把你看成是我的心灵伴侣、灵魂伴侣，然后把我所有想象出来的美好品格、品质都投射在你身上，把你变成一个完美的化身。我一见到你就好像见到了遗失了三生三世的情人一样，我就好像找到了我人生全部的意义。这就是极端理想化。

"极端贬低"就是在和这个极端理想化的对象相处不长时间之后，发现这个人恐怕不如自己想象的那么好，哪怕有一点不符合自己期待的时候，就开始将对方投射到另外一个极端。

> 这是一个人渣，不但是一个渣男，而且是一个人渣。
> 他把我所有的梦想和幻想都毁了。
> 他简直就不配活在这个世上，他真该去死。

各种各样否定的、攻击的表达就出来了，第二天就拉黑，删除，不管是男朋友，还是朋友、老板、老师、父母，谁都可以拉黑。可是，在拉黑后过了几天，她忽然发现自己好像太冲动了，对方并非像自己说的那样罪无可赦，甚至可能意识到自己过度反应了，再去把人家找回来。这就是BPD不稳定的人际关系模式。这种不稳定是因为她的认知是不稳定的，情绪也是不稳定的，甚至她对自己的看待都是不稳定的，也无怪乎她对别人的看待就更不稳定。

症状四：自我损伤 自我损伤是指用各种方式让自己受损，身体受损、经济受损、关系受损、情感受损等。请注意，这里面的自我损伤并不包括自杀和自残行为，它是指消费、性行为、物质滥用、鲁莽驾驶、暴食等。自残和自杀是单列的行为模式。

对于"性行为损伤"大家可能不太理解，为什么性行为是自我损伤呢？有一些边缘型人格障碍的孩子或青少年，也可能是刚刚成年的女性，他们在性行为中并未获得快感，但却会不停地跟男性发生性行为。这种性行为中"爱的元素"已经消失殆尽，又不一定会有性的快感，单纯是为了性而性。这种行为背后深处的心理逻辑可能是在重复体验某种痛苦，而这种痛苦在某种逻辑上符合她对自己的界定，比如"我就是这样下贱""我就是这样容易被占便宜"等。听到这里，你会不会对这样的孩子心生怜悯？

症状五：反复自残或自杀 自残和自杀有时候在表达不同的感受，传递不同的信号。自残可能是对某种情绪状态无法耐受，割自己一下感觉会好一点，或者通过自残，向某位重要他人发出威胁信号，以达成自己的目的，或者已经感觉麻木，想要通过自残来感到自己还活着，等等。在后面会有专门一章讲述自残行为背后的原理和逻辑。

自杀想法、尝试或自杀行为则是另外一种心境，或许是真的觉得活着太累了，无法再支撑下去，或者觉得活着就是对别人的拖累，无法过自己这一关，或者将自杀美化为一种生命意义的升华。

这里的关键词是"反复"，在一般的抑郁症当中不一定会有反复的动作，可能有一次性的自残、一次性的自杀，或者很少几次的，但不是反复发生的。如果是反复发生，说明这种自残或自杀的思维模式渐趋成为一种行为模式，而这种行为模式已经超越了抑郁的范畴，而到了人格的范畴。因此，需要特别关注抑郁症的孩子反复自残、自杀的状况，意识到除了抑郁症以外，可能还有人格方面的问题。

症状六：情绪不稳 有人说情绪不稳不是很多人都有的常见问题吗？请注意，这里说的情绪不稳是指情绪的快速倒转，并且是极端到歇斯底里的程度。上一秒可能还好好说话，下一秒，你也不知道为什么突然发作，歇斯底里大喊大叫，怎么都控制不住，而且持续不是一秒两秒，一分两分，而是一个小时两个小时。这种歇斯底里即便在很体谅她的人群中也可以经常发作。这种情绪不稳超出了正常会有的程度和范围。更让人无奈的是，面对这种情绪发作，旁边的人根本不知道是因为什么，就连她本人都可能不知道。等到情绪恢复平静之后，她自己也很懊悔，"我也不知道怎么了，当时就像着了魔一样，控制不住"。

症状七：慢性的空虚感 这种慢性的空虚感是很抽象的描述。大家感受过空虚感吗？

> 哎哟，今天感觉很空虚，可能是因为没有人打麻将，可能是因为没有去健身，可能是因为今天没有赚钱，可能是因为没有做通常会做的事情。

这些都不是 BPD 所说的空虚感。对于 BPD 患者来说，不管做什么，都觉得空虚，好像心里面有一个黑洞，永远填不满，永远是空的。这种空虚感和第一个症状自我身份感紊乱有直接关系。因为不知道自己是谁，所以做什么好像都无法扎根一样。

症状八：强烈愤怒 这里说的强烈愤怒和前面说的情绪不稳不太一样。情绪不稳强调变化快，且极端。这里说的强烈愤怒可能会有攻击性，甚至女生也会摔东西、打人。无法抑制的愤怒，又不合逻辑和常理，甚至患者本人都无法解释。

症状九：解离症状 解离症状是指短暂的、与应激有关的偏执观念或严重的分离症状。在这种解离状态下，好像可以把自己抽离出自己的身体，而现在当下的这个身体好像不是自己的身体，也无法用自己的身体感知周边事物。

以上就是 BPD 的九大症状。

经过解释之后，会不会觉得每一种症状都有点非同寻常，甚至有点怪异。为什么一位 BPD 患者会有这样的表现？尽管很难说清楚，但让我们尝试着把这九种典型症状用一条逻辑线串联起来。这种理解仅代表笔者个人立场，供大家参考。

首先，BPD 最核心的症状是自我身份感紊乱或未建立好。你可以想象一下，当一个人不知道自己是谁的时候，会有安全感吗？

> 我都不知道我是谁，我会很怕，我没有安全感的时候，就会想要去依附别人，当我可以依附在他人身上，我就会感觉安全些。

所以，当一个孩子想去依附自己的父母时，如果没有得到积极回应，他就始终无法通过依附建立安全感。人的特性就是在出生之后，在我们还是无法照顾自己的小婴儿的时候，通过依附他人建立自我。当没有人可以依附，就始终处于孤立状态，没有根基去发展自我，就会有强烈的不安全感，就会怕被抛弃。

没有自我也会有空虚感，因为一切所谓的自尊、自信、自爱、自我效能感、自我价值感都建立在有自我的前提下。如果没有自我，很显然会是无尽的空虚感。我们就理解了怕被抛弃和慢性的空虚感都是因为和自我的关系出现问题。如果一个人和自己的关系出现问题，基本上一定会在人际关系上出现问题。

当一个人不知道自己是谁时，在跟人相处时，会以怎样的状态去面对他人？很难说。可能今天是这种状态，明天就是另外一种状态。今天我遇到我的白马王子，跟他亲密得不得了，甚至发生性关系，但是到第二天，我发现我的不安全感来了，我觉得这就是一个人渣，我要远离他，把他拉黑。这种不稳定的人际关系可以直接从自我身份感没有建立而得来。

一个人际关系不稳定的人，今天我看你很好，明天我觉得你是人渣，这样一个强烈的反差，会不可避免带来情绪不稳。不管是愤怒、抑郁，还是焦虑，情绪是非常强烈的，甚至无法控制。当我有一种强烈的情绪，让我很难受的时候，怎么办呢？那就自残，自残好像会感觉好一点。或者会冲动，做一些事情让我转移一下注意力，但这件事必须够强烈，够刺激，才能成功转移注意力。再或者用一些成瘾的方法，吸毒、喝酒，这些方式让我感觉好像好一点。实在受不了了，那就自杀吧。一个人反反复复处于强烈而极端的情绪状态和冲动自伤的行为中，会慢慢对自己产生厌恶，不能接受自己。那怎么办？内在处在极大的冲突中，就会带来解离状态，所以对于 BPD 来说，有可能解离状态在某种程度上是一种保护机制。因为我对自己的状态实在是不能接受，我就把自己给分开，好像我在这里又不在这里，好像我是我，又不是我，好像我能够感受到自己，又感受不到自己，处于一种分裂和解离的状态。

通过这样的梳理，希望可以帮助大家大概明白边缘型人格障碍及其九大症状之间的关系。但不是说这九大症状必须全都具备才是 BPD，根据 DSM-5 的诊断标准，只要满足五种症状就可以诊断 BPD。

B类三 表演型人格障碍

表演型人格障碍患者不甘寂寞，无法忍受孤身一人，寻求被别人关注，会用各种各样戏剧化的方式去吸引旁人，以求众人关注。过度关注别人眼光，过度想去吸引别人眼光，所做一切都是为了吸引别人。表演型人格障碍患者看重别人对他的眼光却对自己不认可，自我价值感比较低。

B类四 自恋型人格障碍

自恋型人格障碍就是自大，夸大自我成就，天下唯我独尊，没有谁比我好，只有我最好，你一定要认识到我的好，如果你不为我点赞、不认为我好，那就是你有问题，你没眼光。自恋型人格障碍患者的自我价值感相当高，高得离谱，高到失去了现实基础。自恋型人格障碍和表演型人格障碍的自我价值感截然相反。可见B类的四种人格障碍显得戏剧化、情绪化和紊乱。

再看C类。C类包括回避型人格障碍、依赖型人格障碍和强迫型人格障碍，它们的特点是焦虑、恐惧。

C类一 回避型人格障碍

回避型人格障碍就是退缩，整天待在家里，高度敏感，觉得自己什么也不是，不敢出门见人。社会功能严重受损，甚至无法接受专业治疗。

C类二 依赖型人格障碍

依赖型人格障碍就是什么事都需要别人为他做主，屈从依附在别人身上，极度害怕分离，不管自己多大年龄、人长得多高，都无法自己做出决定，必须依靠别人。这现象男生女生都有，女生可能会多一些。控制欲很强的父母往往会带出依赖型人格障碍的孩子。

C 类三　强迫型人格障碍

强迫型人格障碍就是从小到大都有很强的控制感，对细节过度关注，重复动作行为，非常痛苦。

以上对三大类十种人格障碍大致做了阐述。

重申一下，青春期最常见的是 BPD 即边缘型人格障碍，其特点有：反复自残自杀，不能正确认识自己，自我价值感非常低，各种极度不稳定，如不稳定的人际关系、不稳定的情绪，极度害怕被抛弃。

青少年抑郁与 BPD 的鉴别

既然人格问题可以和抑郁症共病，那两者之间的区别是什么呢？

鉴别点一　情绪状态

首先，从情绪状态角度来说，抑郁症的情绪一般是持续低落，人格问题的情绪不一定是持续低落，可能是忽上忽下，但是变化很快，反复无常，一个很小的刺激就可以引发很大的反应，甚至歇斯底里，大哭大闹，大打出手，摔砸东西等，并且这种反应和发作并非偶尔为之，而是频繁出现，成为一种情绪模式，那么就要怀疑是不是有人格问题。

抑郁症可能有怒气，可以有抱怨，可以有低落，但很少有歇斯底里的情绪发作，即便有也只是在某个压抑太久的时刻爆发一下，而不是动不动就爆发。如果一位抑郁症患者动不动就歇斯底里情绪爆发，一要考虑是不是有人格问题，二要考虑是不是有躁狂倾向。

鉴别点二　人际关系

从人际关系角度来说，抑郁症可以有人际障碍，多为自我隔离或若即若离，但不会有时亲时疏，突然断交。抑郁患者的人际交往是一个比较固定的模式，要么跟谁都不交往，要么跟非常个别的几个人交往，跟大部分人都不交往。人格障碍（尤其是边缘型）患者可能突然一下子跟一个新认识的人非常亲近，好像终于找到了人生挚友、灵魂伴侣，可过不了几天，发现这个人已经不再是人生挚友，而是一无是处、坏到极点的人渣，然后突然断交，拉黑，删除，再过几天可能又后悔了，再去跟人和好。这种极不稳定的人际关系模式就是人格问题的一个重要特点。

鉴别点三　冲动性

从行为冲动性角度来说，抑郁症多有犹豫不决，少有冲动行为。这种犹豫不决，既有动力不足的因素，也有思维功能受损的原因，还有可能是对自己不够自信，不敢做出决定，怕出错。边缘型人格障碍可以很冲动，不假思索就行动，往往造成严重后果。即便造成严重后果，也很难从经验中吸取教训，下次恐怕还会这样做，反反复复。

鉴别点四 身份感

抑郁症患者知道我是谁，只是觉得"我不好"，边缘型人格障碍往往不知道"我是谁"，我不知道我是谁，我不知道自己是什么样的人，我的人生目标是什么，我的动力来源在哪里，我的喜恶偏好是什么，我都不知道，我也不知道我好还是不好。一个是"我不好"，一个是"我是谁"，这是有区别的。

鉴别点五 起病时间

抑郁症有比较明显的发病起点，比如说女生13岁和男生15岁是抑郁症最常见的发病年龄，其中原因之前已经大概提到。补充一点就是，女生在十二三岁可能在经历小升初的适应过程，也可能是月经初潮来临的关键时期，男生的心智发展过程会比女生慢两年左右。在发病起点，家长会有一个比较明显的感觉，就是孩子突然开始情绪不好了。对于边缘型人格障碍来说，他们的所谓起病可能是更隐匿的，循序渐进的，逐渐演变的，而并没有一个突然发病的时间点。

青少年双相与 BPD 的鉴别

边缘型人格障碍和双相比较，两者有相似之处，包括冲动行为、暴力行为、亢奋状态、情绪不稳、人际关系不稳定等。尽管这些方面有相似之处，仔细看来，仍然有不同。双相的冲动可能是因为情绪亢奋，也可能是因为愤怒发脾气，但 BPD 的冲动行为可能是因为痛苦。双相可以有暴力行为，可能伴有强烈的愤怒或者其他的负面情绪，但 BPD 的暴力行为远不及双相，BPD 的暴力行为更像是一种发泄情绪。说到亢奋状态，BPD 的亢奋可能是因为交了一个好朋友，或者被认可、被理解，双相的亢奋可能是要做大事来改变世界。双相也会有情绪不稳，但没有 BPD 变得那么快。双相和 BPD 都可能有成瘾行为，烟瘾、酒瘾、网瘾、性瘾、毒瘾等，但双相的这种状态可以是有节律性的，即一段时间是这样，一段时间不是这样，但 BPD 几乎一直都是这样。BPD 的人际关系不稳定要比双相的杀伤力大很多。

接下来我们来分辨它们之间更多的不同之处。

鉴别点一　发病时间

双相一般来说有较明确的发病时间，就算不是具体到某一天，也是某段时间，通常在青春期，女生 13 岁及男生 15 岁这个年纪。人格障碍一般没有明确的发病时间，而是从小到大循序渐进的过程，可能你发现他突然有一天开始歇斯底里了，但是在那之前他已经表现出一些认知偏差，比如钻牛角尖的想法，常人无法理解的情绪反应等。

鉴别点二　转相点

双相有较明显的转相点，人格障碍无明显的转相节点。什么叫转相节点？双相是指既有抑郁，又有躁狂或轻躁狂，那么不管是从抑郁到躁狂，还是从躁狂到抑郁，都是一个比较明显甚至突兀的转变。双相躁狂可以持续一周两周，但是很少持续超过一个月。一旦持续超过一个月，很可能不是躁狂，而是轻躁狂。一个人如果这两周表现得非常亢奋，有很多动力和热情做事情，甚至热情过了头，可是几周之后突然低沉了，低落了，没有了热情，没有了动力，觉得之前的想法太冲动，太草率，放弃了，然后进入一种很无力的状态，并且持续好几个月，甚至一年。这就是转相。

根据DSM-5诊断标准，还有两种双相的特殊状态，分别是"环性心境障碍"和"快速倒转型心境障碍"，它们的转相节点并不明显，可能在一天当中，会有抑郁和躁狂两种表现交替出现，一秒天堂、一秒地狱，这种情况就和BPD有点像。

鉴别点三　自我认知

双相有较明确的自我认知。躁狂的时候，觉得自己很厉害，抑郁的时候，觉得自己很差。但BPD并没有明确的自我认知，而是变化的自我认知。今天是这样的我，会有这样那样的想法，明天却是不一样的我，把昨天我的想法一概否定，把昨天我的行动一概撤回。等到了后天，又是不一样的我，可能和前天的我也是不同，再把前两天的我的想法和行动全盘否定。

鉴别点四　自残自杀

双相虽然也可以有自残自杀，甚至双相的自杀率比抑郁还高，但是双相的自残和自杀背后的原理逻辑仿佛不同。双相的自残更多是因为冲动或追求刺激，自杀也是冲动居多。而BPD的自残自杀背后的心理逻辑要丰富很多，比如发泄情绪、引人注意、威胁操控、抵抗麻木等。

鉴别点五　暴力行为

双相和BPD都可以有暴力行为，但指向性不同。双相患者的暴力行为多是针对他人，BPD患者的暴力行为多是针对自己。

鉴别点六　被抛弃感

双相患者在躁狂时很少有强烈的怕被抛弃的感觉，而是有高度自信。在抑郁时，可能会怕被抛弃，但并不能说是强烈到成为特色症状的程度，也不会因为怕被抛弃而采取极端行为。

鉴别点七　家庭因素

双相患者在成长过程中不一定有不良家庭环境的影响，而可能纯粹是遗传因素造成的，但 BPD 几乎一定会有不良家庭环境的影响，就这一点而言，BPD 跟 C-PTSD 即复杂型创伤后应激障碍有相似之处。

青少年人格障碍的治疗方法

在谈人格障碍的治疗方法之前，有必要说说共病的问题。

共病是指同时满足两种或两种以上病症的诊断标准。青少年的共病率在 80% 以上。也就是说，如果你的孩子是青少年，出现了精神心理方面的病症，医生仅诊断为一种的话，那么漏诊可能性在 80% 以上。漏诊是指病人同时患有两种或多种精神心理方面的疾病，而医生仅将其诊断为其中一种，没意识到并检查出还有其他病情，只按诊断出的那个病症去治疗。

青少年共病问题为何如此普遍，简单说，就是青春期阶段，孩子受到多元刺激因素的影响。

激素水平激变带来身体发生迅速而剧烈的变化。身高增加，容颜变化，脸上的青春痘一批又一批。男生喉结变大，声音变粗，女生乳房发育，臀部变圆，初潮来临，这些第二性征的出现对孩子的心理来说也是重大冲击。有些孩子无法接受自己身体的变化，陷入苦恼。我长得丑了，长得矮了，长得胖了。激素水平变化本身就会带来情绪波动，更何况激素水平变化带来的身体变化，更加影响到孩子的情绪。

伴随着身体外在变化的过程，内在思想也在发生变化。想要独立，可还无法完全独立；想要自由，可还无法摆脱父母的掌控；想要平等，可父母还无法适应所谓的平等在哪些层面可以适用；想要隐私，却变成了对父母的不尊重；想要梦想，可前路一片迷茫，不知道哪里是属于自己的一片天空。

这个时候，又遇到小学升初中。很多孩子小升初换了新学校、新老师和新同学，这种物理环境和人群环境的变化带来的挑战也很大。这种环境变化带来的暂时不适应表现在临床诊断上有一个名称，叫作"适应障碍"。很多孩子其实只是适应障碍，不一定是抑郁症或焦虑症，这个需要鉴别诊断。

在此基础上，又遇到家庭发生状况，比如父母感情不稳定，经常吵架，甚至离婚；比如老人生病，甚至病故；比如父母工作发生变化，家庭经济收入急剧下降带来的生活方式变化等。这些家庭环境变化或变故所带来的冲击可能比学校环境更大。

这一切都促成了青少年在青春期非常容易出现精神心理问题，而且是多种问题同时出现，即"共病"。

对于共病情况，需要同时关注到共病的不同病症。漏诊漏治都会造成久治不愈。

人格问题治疗以长期心理治疗为主（包括个体治疗、团体治疗、家庭治疗），药物治疗为辅。抑郁症患者服些抗抑郁药后可能过段时间就会痊愈，而对人格障碍的治疗没有特效药，必须进行长期的、系统化的心理治疗。

笔者曾有个边缘型人格障碍患者，经过约两年时间的治疗，病情才有较明显好转，这已属比较理想的状况。许多人格障碍病患可能治几年甚至几十年都未必会痊愈，这就是治疗人格障碍的一个难点。

轻微的人格问题是有可能随着年龄增长而自愈的，即便是比较严重的人格问题，到了老年也有可能会缓解，但要治愈就很难。

人格问题的长程心理治疗非常困难。不仅是因为治疗本身有难度，还有很多患者依从性问题。在咨访关系的建立和维持中会出现很多移情现象。这需要咨询师具备敏锐的觉察力和应对冲突的把握力。

这里针对常见的完美主义问题，举例来说一下心理治疗的思路。我们需要思考的问题就是：

- 完美主义治疗的切入点在哪里？
- 是改变他的不健康的完美主义还是改变他的高敏感、高要求、高期待？
- 或是改变他的低应对能力、低情绪管理能力和高期待？

应该说哪一个容易改变，哪一个就是治疗的切入点。

所谓的完美主义就是我自己真的改不了，我就是有这么高的要求。对一个完美主义的孩子，想要让他降低期待是很不容易的。许多家长会对孩子说，你不要想那么多、你不要把目标定得那么高、你不要要求那么高。说得容易做起来难，很多完美主义不管是先天遗传的或是后天形成的，一般都根深蒂固，如果很容易改变的话，那就不是完美主义了。

神经系统被训练过以后，由不敏感状态进入敏感状态不难，甚至很容易，一个创伤就可变成敏感状态，但由敏感状态变到不敏感状态就不容易了。高要求、高期待这些都不容易改。所以，我们的切入点就只有低应对能力和低情绪管理能力。情绪来的时候我们怎样去应对它、怎样去处理它，这就是我们的切入点。

第12章
自残和自杀问题

青少年自残的主要动机 / 202

青少年自残常见于哪些病症 / 204

青少年自残危机的处理原则 / 205

青少年自杀的主要表现 / 206

青少年自杀的主要原因 / 210

青少年自杀的前兆 / 217

青少年自杀危机的处理原则 / 219

特别提醒：本章内容不适合未成年人阅读

自残和自杀问题

有关自残的信息过去很少听到，近十年来这类事情却屡屡发生，时有听闻。

"自残"是个非正式、非专业、民间的通俗说法。"自残"在DSM-5中称作"非自杀性自伤"（Non-Suicidal Self-Injury, NSSI）。自伤与自杀并非一回事，它们是有区别的。

DSM-5对"非自杀性自伤"有个限定，即在过去一年中，有五天或更多的时间有自残行为，自残者自我伤害造成身体一处表面出血，导致轻度或中度躯体伤害，但是"没有自杀观念"，没有想结束自己的生命。

如今，自残行为在整个青少年群体中的发生率已高达10%以上！这个比例是相当高的。有些孩子以前根本不知道自残这件事，当从某种渠道得知"自残很爽"这样的信息后，就有了想去尝试一下的念头。

某天，突然遇到一个重大打击，心里很难受，无论怎样都摆脱不了，便想到用自残来消除心中痛苦，一试果然效果不错。如此多次以后，他可能就会染上这不良习惯。所以，如果你的孩子从未听说过自残这件事，最好不要让他知道。如果你的孩子已有过多次自残行为，那么请家长仔细读下去。

谈到自残，我们一般首先想到的就是用刀割自己，其实自残远远不止这一种。常见的有撞头、捶手、香烟烫、绝食、暴食、灼伤、皮肤摩擦、针扎、吞咽刀片勺子、皮肤表皮雕刻等。这类行为暴露出自残者的落寞、痛苦、孤独的状态。较严重的自残行为有用烟头烫手致伤后再干扰、阻止它愈合。笔者曾见过一个自残者的双臂、双腿上面密密麻麻都是刀痕、刀疤，双腿上布满间距约3毫米的伤口,已经密到无处可以再割。

自残的不良后果较多。首先是直接对身体造成损伤。一般人的伤口最终会严丝合缝地愈合,或留下淡淡的疤痕,甚或看不出任何痕迹。而有些人是瘢痕体质,瘢痕体质者的伤口通常无法正常愈合,其刀疤上新长出的皮肉错落无序,结成一道很粗的、蜈蚣状的、看上去很不舒服的疤痕。其次,有的伤口因未能及时消毒而造成感染,既增加了痛苦又延长了愈合时间。再有,因要遮掩身体上的自残部位,大热天也只能戴帽、穿长裤长袖衣,不被社会大众所接受,就会对和谐人际关系造成困难。另外,自残还会造成自我困惑,有的人与别人共享自残工具导致通过血液传播性病,频繁自残诱发成瘾(痛瘾),等等。

> 第一次见自残女孩大约是在二十年前的某一天晚上,当时笔者还是一名实习医生,与带教老师在医院外科急诊室值班。半夜12点多,夜深人静,大部分人都已回家休息,但医院急诊室不会休息。这时,医院门口出现一位十六七岁的少女,她缓缓向急诊室走来。待她走近后,笔者问道:"你怎么了?"她没有说话,眼神充满幽怨,提起她那被层层纱布包裹着的手臂,接着,她一层层揭开纱布,露出自己刚刚割开的十几道刀疤,然后抬起头用更加幽怨、绝望的眼神看着我,一句话都不说。
>
> 笔者慌乱中赶紧把带教老师叫来。见怪不怪的老师沉着地对那女孩说道:"过来,做一下清创。"只见老师很粗暴地用消毒纱布洗了洗女孩手臂上的伤口,重新包扎好,说道:"好了,走吧。"女孩走的时候,用她

> 那幽怨绝尘的眼神最后看了我们一眼。整个过程她一句话都没说。
>
> 女孩走后,老师很不耐烦地说:"这种人哪……"笔者脑补了一下老师后面欲说又没说出口的话可能就是:救这种人没什么必要,他们纯粹是在自作自受,活该!

后来,笔者才渐渐明白,对一个丝毫不懂心理学的公立医院男外科医生来说,急诊科接诊这种"脑子有病"的女孩就是个麻烦。笔者想,那晚女孩在医院受冷遇后,说不定就会觉得自己已遭医生嫌弃,不排除她在回家的路上再次自残的可能。

这件事在笔者的心里烙下了深深的印记。

从心理学角度来看,医生不该如此不耐烦地、粗鲁地对待病孩,我们需要关注孩子的心理,了解她为何要自残、是什么原因促使她有割下去的勇气。孩子虽少有医学知识,但用利器自我伤害会疼痛甚至会有生命危险,她肯定知道后果。可她为什么还要一次又一次反复去割自己?这是作为精神科医生要弄明白的问题。

笔者当时想,要做一名与众不同的精神科医师,学充足的心理学技术,尝试去体会他们的苦衷,从精神心理层面医治人心。对待自残的孩子,不仅要治疗他们身体表面的伤口,更要消毒、包扎他们心灵上的创伤。

时至今日,笔者做精神科医师已有多年,接触到自残的孩子不计其数,庆幸的是,一直没有忘记那位初遇的自残女孩,她所带来的震撼和思考,令笔者一直可以对这些孩子感同身受。借此鼓励各位心理咨询师伙伴、各位家长,当你们面对有自残行为的孩子,不要仅仅是心疼他,或指责孩子太蠢、太傻、脑子有病,而是要更多了解他们，走进他们的内心。

青少年自残的主要动机

对促发自残行为的动机，经过多年的学习和与病孩接触，笔者整理出一些要点。

动机一　感受刺激

有些孩子，尤其是躁狂的孩子易自残，且自残率很高。由于自残时的痛会让自残者感觉到爽，这种爽让人欲罢不能，自残行为就会成瘾，这种瘾叫"痛瘾"。一旦到了想痛成瘾的程度，问题便不易解决。因爽的感觉不错，自残者会不断地去尝试。

动机二　重获控制感

人在情绪状态下是被情绪所控制的，而自残之后情绪就没了，由痛爽感代替了情绪，这就是控制感。被情绪折磨时太痛苦了，自残行为一实施可瞬间暂停痛苦，如开关按钮一般，太好用了。当负面情绪再来袭时，可以反复使用（反复自残）情绪按钮来控制情绪。有的病孩甚至会说：反正胳膊这么长，可以割很多次的，割到第100次时，第一次割的已经愈合了，又可以重新割开。多让人心痛的想法！

动机三　吸引注意

很多孩子自残之后会发朋友圈向众人展示，希望引起别人的关注。他会把特定的人屏蔽掉，有时也会将大部分人都屏蔽掉，只留下他希望看到他自残信息的那些人。若那些人没做出反应，他会很失望。当然，也许他最希望的是，看到后有反应的父母亲。

动机四　求救信号

如果孩子真的希望求救，自残之后也不一定发朋友圈，只是在内心发出无声的呐喊，在说："我太痛苦了！谁来救救我！"

动机五　打发无聊

有些孩子在无聊时也会自残，有可能已经成为一种习惯。

动机六　跟随潮流

有些孩子把敢于自残认作是"酷"的表现。病友间的比较、相互效仿又让他们将之误解为是一种潮流，若不随潮流"酷"一下就显得落后。这很悲哀！

动机七　威胁手段

有的孩子将自残作为要挟的手段，对父母亲提出过分的要求。比如，手拿利器逼迫家长帮买高价的手机、电脑，若不从便以自残相威胁。这种具有操控性的做法每每会让不堪忍受的父母就范。

以上七种是自残背后的动机，但更加直接促发自残的动因来自不良情绪。焦虑、抑郁、愤怒、沮丧、羞愧、羞耻、痛苦等不良情绪都有可能导致患者产生自残的想法，并会进一步付诸实施。经研究发现，其中最有可能诱发自残的是羞耻感。

这种羞耻感在中国文化里不常说起，大家很难体会。比如，在大庭广众下赤身露体、丑闻被曝光等，人们大都会为之感到羞耻。心理学上对羞耻感的定义是自我价值感低，是自我意识、自我谴责的道德情感。自感羞耻者内心的独白是：我不好、我不行、我没用、我无能、我失败。在对诸多病患案例的分析中，大都会听到类似"我是废物"这样的话，说明他的自我价值感已经很低很低，低到极有可能会去伤害自己。这就显示出不良情绪是自残行为发生的重要诱因。

国外有个研究：孩子感受到父亲对他的厌恶是导致孩子自残行为发生的最大因素之一。当感到爸爸很厌恶我，就认为自己很没价值，就想自残。曾有报道说：一个女孩在遭受到父亲性虐待后，竟会认为这不是爸爸的问题，而是因自己不好，爸爸才会这样对待我。这是很悲哀的一件事情。所以说，不良情绪、羞耻感、自我价值感极低是自残行为发生的一个很重要的指标。

青少年自残常见于哪些病症

哪些病症会导致自残？抑郁、焦虑、双相、多动、自闭、创伤、人格障碍、物质成瘾（酗酒和吸毒）等的患者，是具有自残倾向的高危人群。

抑郁症患者自残，为的是缓解抑郁情绪、缓解麻木，从而感受自己还活着。抑郁症的"四无"症状，即有递进关系的无助、无力、无望、无感，具体表现为：开始没做好一件事，接着积累成十件事都没做成，一次次的无助催生出无力感，连续的无力扑灭了信心带来无望，持久的无望使之麻木变成无感。这时，就想自残一下证明自己还活着，要不就成行尸走肉了。

焦虑患者要平静自己的烦躁、担心，疏解自己的压力，通过自残达到转移、分散注意力的效果。可见抑郁和焦虑的自残动因不尽相同。

躁狂时的自残多和寻求刺激有关。患者认为，别人都说我不好、批评我，我却觉得那是大家误解了我，我感到委屈，就要自残一下表示抗议。

自闭患者的自残方式与众不同，他们会用头撞墙、撞地板，甚至咬自己，这是自闭患者特有的自残动作，是他们发泄情绪的方式。

创伤后应激障碍患者有闪回的恐惧、过度警觉的焦虑，为了稳定情绪而选择自残。

边缘型人格障碍具有操控性，他们会反复尝试自残、自杀。

物质成瘾（吸毒）者中，大多都需要用自残来缓解戒断反应。

这些病症都可能是自残的高危因素。高危因素是指具有这些病症的患者更容易采取自残的方式来应对情绪或压力处境。

所以，当孩子有自残行为时，不但需要针对自残这件事本身，还要关注自残共病的其他病症。

青少年自残危机的处理原则

自残有一定的自愈性，即使不处理，随着孩子的认知发展、年龄增长，也有可能渐渐不再采取这种应对方式。

自残不等于自杀，多数的自残是不将自杀作为终极目标的。自残行为一般可在青春期后慢慢减少，30岁以后逐渐消失。青春期有过自残行为的，若到40岁以后还有自残行为，那大多属物质成瘾（吸毒）所致，因为毒瘾不易戒除，每次发作都想用自残来缓解。再有就是边缘型人格障碍，也很难痊愈。

孩子自残或自杀，作为家长都觉得难以接受。许多家长不能接受孩子自残，当孩子实施自残后，家长见到伤口见到血就慌了、不忍心了，接着对孩子彻底妥协、完全让步，满足所有要求。当孩子看到自残威胁有效、掌控有效，日后便会再次以此为要挟来实现自己希望达到的目的。

自残确实有风险，但它不应是家长的底线。如果不能接受孩子的自残行为，家长会有很多事情做不了，很多规则建立不起来，孩子心里的很多障碍无法去突破。说一句有点残忍但从专业角度来看有帮助的话：如果你的孩子已经有了自残行为，不必大惊小怪，接受它。防范自杀风险的同时，寻求专业帮助，探索自残背后的动机，找到替代方式解决问题。

青少年自杀的主要表现

什么是自杀？简单说就是：自己对自己实行的结束生命的行为。

我们需要了解，孩子在青春期正处在认知发展的关键期。在此过程中，认知常有偏差现象。这种认知偏差在一些事件中就会带出过度的情绪反应，这种过度反应也是在孩子无法承受某种状况时的一种应对方式，比如玩游戏、发脾气、摔东西、骂人、打人、自残和自杀，等等。

当孩子在某种情境中无力应对，就需要借助一种行为方式让自己可以熬过这种状态，摔东西、发脾气就是一个很典型的方式。这种行为背后想表达的或许是，"我很生气，我没办法再把它压抑在心里面，我一定要发泄出来"。或者大喊大叫，或者歇斯底里，或者大哭大闹，或者割自己。这些都是比较明确而直接的表现，还有一些可能是间接的转移情绪的表现，比如玩游戏。再有就是隐忍的方式，压抑在心里面，不动声色。

孩子的表现形式不一样，不同的表现形式跟性格特点有关，跟家庭环境有关，跟父母允许的方式有关。

青少年自杀者的常见特点

特点一　矛盾心理

对于情绪型的自杀患者来说这是非常普遍存在的。

> 在那一刻，我很有冲动，要冲到窗子边去跳下去，但是一旦这个冲动过了，我就会很后悔。我干吗呢？我真的死了之后我可能会后悔，我虽然生不如死，但是还是生有可恋。我还是有一些好吃的可以吃的，我还是有小猫小狗陪我，我还是有一个很爱我的妈妈，虽然爸爸是一个混蛋，我还有一点点兴趣，想要交一个男朋友，我还想穿一点漂亮衣服的。

这些想法在有自杀冲动的孩子心里都可能存在。

特点二　偏差认知

对于青少年来说，偏差认知是很普遍的。偏差认知和非理性认知有些许区别。非理性认知偏离理性的幅度是比较大的，而偏差认知或许只是稍微偏差，偏离幅度可能不大。偏差认知有以下两种。

一是绝对化。当有些事情发生,有些孩子就会想:

> 这件事情是绝对不可以发生的,如果发生了它就不符合我对自己的人设,我没有办法接受自己在过往的人生历史当中有这样一个污点,我必须是绝对没有发生过这样的事情。

他对自己有一个设定,这一种设定如果被任何一件事情所打破,他就无法接受。

二是灾难化。当有些不好的事情发生,有些孩子就会想不开。

> 这次考试如果考不好,我这辈子就毁了。
> 如果她和我分手了,那我这辈子就再也不会爱了。
> 如果考不上清华北大,我就死了算了。

细想看,真的是这样吗?一次考试考不好,一辈子都毁了,什么考试有这么大的影响力?就算是高考考不好,还可以再考一年,如果不参加高考,也可以申请国外的大学,还可以去读职业技术学校,都有机会。一次恋爱不顺利,就一辈子不能再爱了吗?或许会难过几周几个月,但人的复原力超乎想象地强大。考不上清华北大,还可以去复旦交大或者其他学校,都没有什么大不了,但孩子就会把这件事情看得过于重要。

特点三 冲动行为

孩子在处于认知狭窄状态时容易有冲动行为。什么叫认知狭窄？

> 先来大概理解一下赌徒的心理。赌徒坐在赌桌上，不停地输钱，不停地输钱，直到眼前的视野变成了管状视野，我只能看到赌桌上这一点点的空间，赌桌以外的什么事情都跟我没关系，什么婚姻，什么父母，什么孩子，都跟我没关系，我什么也看不到，我只能看到眼前输了很多钱，我要都赢回来。输了多少钱就变成了一个数字，如果在输红眼的时候，别人给我拿张欠条，说：你把你的房子、公司、车子全用这张借条卖给我，我现在就给你五百万，我给你一千万，我给你一个亿，你要不要？当然！签字，一个亿拿来，我就要今天晚上爽个够，我不信我输的那些钱我翻不了本。结果一个晚上过去了，没有翻本，一个亿又输了，车子、房子、公司全都没有了。

认知狭窄就是在那一刻，处在一种狂热状态下，认知出现严重偏差。这种狂热状态跟病理性激情很像，就是处于极度亢奋状态，理性不足，甚至失去理性。有人觉得并不是亢奋，因为一点也没有快感，请注意，这里说的亢奋不是指情绪亢奋，而是神经系统大脑皮层亢奋。

有一些杀人犯在杀人的时候就是一种病理性激情。处在这个激情状态的人，他的认知是极度狭窄的，好像陷入一过性精神病的状态一样，他就是钻到里面去出不来，这个时候青少年就有可能自杀。

特点四　关系失调

自杀者大多性格内向、孤僻、自我中心，难以与他人建立正常的人际关系。当缺乏家庭的温暖和爱护，缺乏师长的支持和鼓励时，孩子常常会自我封闭，渐渐失去自我价值感，这是一种失联的状态。这种自我封闭状态下，特别容易失去对生活的盼望和抓手，容易放弃生命。

特点五　对死亡概念的模糊

有一种情况，就是孩子天天说"我好想死啊，不如死了算了"，但是你问他"什么是死了？"他说"我不知道，没想过，谁知道死是什么，就是不想活而已"。你会发现他所说的"想死"，不是真"想死"，而是"不想活"，不想活和想死是一个概念吗？绝不是！它们是不一样的，它们之间有非常大的区别。"我不想活"是因为对活着的状态没有办法接受，无力去改变。"我想死"是因为我对死这件事情很有认识，我想拥抱它。这两个是不一样的概念，很多孩子却会把"不想活"认为是"想死"。

青少年自杀的主要原因

青少年自杀的具体情况非常复杂。有些是长期因素所造成的，有些是当下发生的即时事件造成的冲动行为。据此，将自杀分为两种类型。

青少年自杀的常见类型

青少年自杀的常见类型包括情绪型自杀和理智型自杀。

情绪型自杀是指在情绪非常强烈时，一时冲动采取的自杀行为。例如，男生忽然得知一个消息"我被女朋友甩了"，谈恋爱不顺利，非常愤愤不平，想要去讨个公道，结果却是信息发不过去被拉黑了，电话打不通也被拉黑了，想到她家里面去找，她人在家里面就是不见，于是男生更加愤愤不平，心想，"凭什么你就把我给甩了？我对你那么好，你凭什么把我甩了？"他想不明白，越想不明白越有情绪，等情绪达到一定程度，就会促发行动，就可能会冲动自杀。如果是女生被男朋友甩，可能更加冲动，直接就动刀割腕或者跳楼了。男生可能更多的是一种发泄，要攻击。

再例如，忽然有一天孩子被爸爸狠狠地暴揍了一顿，因为他用家里面的信用卡来充游戏，花了几万块钱。这是爸爸不能忍受的，把他打得鼻青脸肿，甚至打得不省人事、面目全非。孩子被打得愤愤不平，委屈又愤怒，冲动下跳楼。这就是情绪型自杀。

理智型自杀是指在非常理性地衡量了所有利弊关系，经过漫长的思考之后，最终决定离开这个世界，进而采取自杀行动。这种自杀者，会权衡不同的自杀方法，最终选择一种最适合自己的方法，然后就去买自杀工具（这里不具体说这个工具是什么，免得对大家有误导）。买好自杀工具，找一个合适的地点，安安静静地实施自杀过程。这种是有预谋的、理智性的自杀，并且他所选定的地点谁都不知道，即便警察发现也需要很长时间才能达到，在这个时间里面他可以保证自杀成功。这是经过精确计算的自杀过程，有完整的自杀计划，有目的、有步骤地来实施。

少数孩子在很早的年纪就开始读哲学书籍,在 10 岁、11 岁就开始把生死问题看得很淡,甚至觉得活着并无真正的意义,这样的孩子有可能会采取理智型自杀方式离开这个世界。所以,我一般不建议孩子太早读哲学书籍,因为哲学问题有孩子尚不能承受生命之重。

青少年自杀的风险因素

风险因素是指某些条件或状态更有可能促成某种结果。这里介绍自杀的常见风险因素。这些风险因素也是精神科在评估自杀风险时会重点关注的因素。

因素一 学习压力大

学习压力是青春期孩子自杀最主要的原因。青春期孩子说要自杀,很多都不是真要自杀,而是一种挫败感和失控感。学习这件事很容易让孩子感到自己没有掌控感,没有价值感,特别是在老师和家长错误的引导下,就更会误解学习的意义,造成没有价值感。

因素二 人际压力大

很多青少年在学校和同学相处压力很大,不知道如何与人互动交流,非常敏感于别人对自己的评价,常常被人忽略、孤立,甚至遭受霸凌。长期被霸凌是自杀主要因素之一。

因素三 亲子关系差

很多孩子和父母关系不好,经常吵架,甚至大打出手,离家出走。孩子无法得到家庭的支持，在面对学习压力和人际压力时，就更加无助。更糟糕的情况是，孩子在家遭受父母虐待，有言语虐待、身体虐待，甚至还有性虐待。

因素四　有自杀家族史

诸多研究表明，自杀有遗传倾向。有些家庭每一代人中都有自杀者。目前从对自杀基因的研究来看，自杀很可能是一个多基因相关的病症，不是哪一个基因，而是一组基因都跟自杀相关。所以我们需要了解自杀家族史，如果孩子的父母中有一个是自杀的，那么我会很担心孩子会不会受到这个影响。这里面不仅涉及遗传因素，还包括亲人死亡对孩子的心理冲击。

> 我小学五年级，忽然有一天回到家里，看到我妈妈就在浴缸里面割腕自杀了。
> 10岁时，我忽然间走到家里面，看到我妈妈上吊了，那可能从此我的人生就改变了。

这对一个孩子来说是多么大的冲击！

如果没有记错的话，著名作家海明威本人是自杀身亡，在他的家族里，大概有三代人都有自杀的情况，甚至好像是他的孙女和他同一天自杀。

因素五　有自杀未遂史

即便一次自杀没有成功，就基本上会有第二次、第三次尝试。除非在第一次尝试中造成了很大的损失，要么跳楼身体摔残疾了，要么吞药留下脑功能后遗症，要么自杀的尝试造成一些重要关系的破坏或丧失。

因素六 亲人死亡

经历一些重大事件，特别是亲人死亡，孩子会有自杀想法。亲人死亡对青少年来说就像釜底抽薪。如果父母忙着去赚钱，忙着满足自己的社会价值感，没空管孩子，就把孩子托付给老人。孩子从小是被这位去世的老人带大，不管是外公外婆还是爷爷奶奶，他的全部安全感和归属感都建立在老人身上。

当照顾孩子的老人在他青春期的时候生了重病甚至去世，这对于孩子来说是非常大的打击，就像釜底抽薪一般，把他安全感的根基给抽掉了，他会感觉自己一下子被悬空了，各种无处安放的躁动、不安、恐惧、慌张，甚至绝望。这个时候，又赶上青春期各种各样的冲击变化，环境的适应，家庭环境的复杂，自己身体和心理的变化，认知的发展，情窦初开的酸涩，学业上的重担，朋辈之间的压力，同学之间的霸凌，老师的羞辱，等等。这么多的刺激因素都在同一时间冲击着孩子，别说是孩子，就连成年人都未必能承受得住，更何况是孩子。孩子没办法应对，就会出现各种各样的病症，抑郁、焦虑、强迫、暴食、自残，甚至是自杀。

"釜底抽薪"这个词非常形象，就像安全感和价值感的根基突然被抽掉了，没有了，上层建筑就瞬间塌陷了，上层建筑是指自我价值感、自信心、动力和能量等。这种塌陷在外表不一定看得出来，但在内心已经开始变空了，一片荒芜。这种空虚感非常让人抓狂，孩子很自然就会想要通过某种方式来填补自己。如果没有办法填补，他可能会喝酒，可能会抽烟，可能会放纵自己，做一些刺激的事情让自己感觉不到这个痛苦。当怎么做都没办法让自己感觉不到痛苦，他就会去自残，甚至自杀。

因素七 夙愿失败

所谓全力以赴的夙愿，对于青少年来说，高考排在首位。高考对于中国每个孩子来说，都很重要，并且需要很多年准备，就为此一博。高考失败了，就好像所有的努力都付诸东流，整个人就像泄了气的皮球，无法再振作起来。

因素八 创伤纪念日

创伤性事件的周年纪念是非常具有刺激性的，比如"9·11"事件。每年在9月11日，遇难者家属都会用某种形式来悼念这一个特别的日子，都会让家属产生强烈的情绪，或者愤怒，或者悲伤，或者绝望，这些情绪都有自杀促发性。除此以外，比如配偶的车祸发生的日子，孩子溺水身亡的日子，这些都是陷入创伤性损失的周年纪念日，这些日子有可能成为家人亲属选择自杀的日子。再比如偶像自杀的日子，也会有类似效果。

因素九 精神疾病和药物

精神疾病范围很广，任何一种精神疾病都可能有自杀风险。前面说过，有三种病症自杀风险尤其高，分别是抑郁症、双相情感障碍、边缘型人格障碍。

精神科医生在给青少年用药时，常常会提醒家长，在孩子用药前几周一定要关注自杀风险，甚至不止是前几周，而是整个用药过程都要关注自杀风险。通常用三种药物缓解自杀风险，第一种叫碳酸锂，第二种叫苯二氮䓬类，第三种叫抗抑郁药。但几乎所有抗抑郁药物的药品说明书上，都会标注副作用之一是增大自杀风险。很多人会很困惑，觉得抗抑郁药本来应该降低自杀风险，怎么副作用之一却是增加自杀风险，这不是很悖论吗？如果服用抗抑郁药物会增加自杀风险，为什么要吃抗抑郁药呢？

很多抗抑郁药的确可以降低自杀风险，但恐怕不是立即就能显出效果，也不适用急性期的自杀风险干预。急性期干预治疗主要用碳酸锂来控制自杀风险，而抗抑郁药所针对的是慢性自杀风险。有研究表明，抗抑郁药长期使用改善自杀风险的效果比较好，比如经过24或36周治疗，自杀风险会明显降低。

因素十　慢性疾病

很多严重的躯体疾病会造成自杀风险，比如癌症，癌症会带来巨大的疼痛，又比如艾滋病，艾滋病患者一般带有强烈羞耻感。有些青少年可能患有白血病，救治无望，还会耗费家里全部积蓄，自己觉得给父母造成严重负担，就可能有自杀风险。

因素十一　性取向问题

性取向问题仍然是自杀风险较高的人群，比如说 LGBTQ 人群，他们活在很大的压力之下，不被理解，尤其是不被父母理解，不被父母接纳，不被这个社会所接纳。

因素十二　偶像影响

孩子在青春期很容易受环境影响。不管是朋辈、老师，还是父母，还有所处的时代环境、文化环境等。曾经出现过拥有万千粉丝的知名偶像自杀，粉丝通过媒体报道得知噩耗，追随偶像的步伐，选择在次年的同一天自杀。明星自杀，特别是受到青少年追捧的偶像自杀，尤其会对孩子产生深远的影响。

青少年自杀的前兆

青少年在自杀之前会有一些前兆，尤其是理智型自杀者，会有一些语言、行为、态度上的变化可以解读为自杀信号。识别这些信号可以帮助家长有效防范自杀。

前兆一 行为或情绪骤变

有些孩子在自杀前会有很多情绪明显，甚至骤变的反应，包括冷漠、退缩、孤独、易怒、恐慌等，在社交、睡眠、饮食、学习、穿衣、打扮等方面也可能有让人不能理解的变化。如果之前是很冷漠的，现在变得很热情，或者之前很热情，现在变得冷漠，这是一种很大的变化。之前从穿衣打扮上非常保守的人，忽然就变得非常开放。舍得花钱，一件衣服几万块就出去了，这从来都不是他的风格，你就会诧异、纳闷，他怎么开始舍得花钱在自己身上啊？一个化妆品、一个头发、一个包，几千上万就花出去了，真的舍得给自己花钱了，因为他／她在离开这个世界之前想要好好享受一下。这种行为模式的变化，需要我们关注。有一个很合适的比喻，这就好像是回光返照一样，大家可以理解一下这个状态。

前兆二 处理后事

自杀之前，可能会想要把自己一些珍爱的东西处理一下。

> 我最爱的是我的两只猫，我在自杀之前我要把它们处理好，要把它们送给我最信任的人，让他们去养这两只猫。如果没有把这两只猫处理好，我是死不瞑目的。
>
> 我的一些钱财、一些物品，我的一些银行卡密码，这张卡有2300元，那张卡有4600元，我都要处理好，不能等我去世以后，这些卡都找不到密码，钱都拿不出来就可惜了。

前兆三　绝望和无助

这种深深的绝望和无助，在青少年当中经常会表达。

> 妈，我真的是受够了。一天都活不下去了，你就放过我吧，我知道我的死会给你带来很大的痛苦，但是请你理解我实在是受不了了。
>
> 谁都帮不了我。十个孙医生都帮不了我，虽然我没有见过他，但是他肯定帮不了我。

这是一种深深的无助和绝望，谁都帮不了我。

前兆四　四无症状

大家记得四无症状吗？无助、无力、无望、无感。四无症状是抑郁症患者自杀前渐进式的表现，先是无助，一件事情没有做到无助，多件事情没有做到很无力，长时间无力就会无望，无望久了就会无感。四无症状是我们认为自杀的前奏。

前兆五　强烈意图和冲动，制订详细计划

> 还怎么跟你说？我真的太想死了，我活着的每分每秒都是煎熬，你就放过我吧。

有些孩子在自杀前会关注一些自杀的工具，去网上买这些工具，去比较哪一种方式更加适合自己。每一种方式都会去比较，想要去选择一种更适合他的方式。想要死得好看一点，不能脸朝地，跳楼的时候不能脸朝地，死也要死得漂漂亮亮的，不能接受跳楼这种方式，就是因为死得太难看了。详细的自杀计划被认为是高自杀风险的重要指标，因为一旦有了计划，就很可能有行动。

青少年自杀危机的处理原则

自杀事件属于危机干预。处理危机有以下原则供参考。

原则一　建议住院

有明确自杀风险的情况首先考虑住院治疗，保证生命安全。

自杀风险等级在中度或以上，为了保证安全，都建议住院治疗。精神类医院的封闭病房，已经对自杀风险进行了全面排查。例如，窗户肯定是不能全开的，人是没有办法探出去的，头再小、身体再瘦都跳不出去。没有任何带子状的东西可以让他在洗手间或者病房里面上吊。没有尖锐的东西可以用来割自己。对自杀风险比较高的人，可能每十五分钟就会看一眼，所以安全性是比较高的，但也不是100%绝对安全。

原则二　药物治疗

目前研究认为，碳酸锂可以有效稳定情绪，降低自杀风险，特别适用于急性期治疗，即当孩子处在自杀高危状态，碳酸锂在大部分情况下是首选药物。部分抗抑郁药物从长期疗效来看，可以降低自杀风险，但在服药初期，或相当长的时间里，仍然有提高自杀风险的可能性。

原则三　心理治疗

风险平息后再跟进心理治疗，一定要进行心理治疗。

自杀问题既有脑神经化学因素影响，也有心理因素影响。就算药物可以一时控制自杀风险，心理治疗都是必要的。通过心理治疗，梳理自杀背后的逻辑和动机，梳理认知中的盲点和误区，进而改变自杀行为背后的模式。

心理治疗要点可总结为如下"六不"。

一是**不评判**。我们很容易对尝试自杀者进行道德评判。

> 你这样做，你的孩子怎么办，你的妻子怎么办，你的父母怎么办，你这样做对得起他们吗？你如果自杀，他们还能活下去吗？你这样做，太不负责任了。

这样的说法，有时候奏效，原因显而易见，他还没有准备好放弃自己的身份角色，还没有准备好放弃自己的亲人。但有时候不但不奏效，反而有可能会促发自杀行为，因为家庭有可能恰恰是他自杀的原因，家庭负担过重，或家庭成员伤害了他，才让他万念俱灰，想要自杀。所以一提到家人，就更想自杀了。

二是**不说教**。说教永远是给人压力的。没有人愿意被说教，自杀者就更不愿意。说教不但不能帮助自杀者，反而让自杀者烦躁，容易冲动自杀。自杀者之前应该是听过很多人对他说教了，他不需要在死前多听一个人的说教。

三是**不建议**。在不了解自杀者的情况下，盲目给建议，很可能会踩到雷坑。一旦建议给得不合适，都可能造成自杀者更加绝望。

四是**不承诺**。在帮助自杀者时，咨询师容易给出不切实际的承诺，即便当时缓解了危机，也有可能在后续无法兑现承诺时，自杀者再次以更加决绝的方式进行自杀。

五是**不辩论**。辩论也会带来压力，这种压力很可能不是自杀者想要的。甚至辩论有可能会激怒自杀者，造成自杀冲动。

六是**不分析**。分析现状也不一定是自杀者想要的，因为在采取自杀行动之前，自杀者自己或他人可能已经做过很多分析，发现很多路都走不通，才最后走上绝路。

说了这么多自杀者不想要的，那么自杀者到底想要什么呢？

从笔者个人经验来看，自杀者想要的是被理解、被看见、被尊重、被真诚以待、被陪伴、被倾听。这些都是人的基本需要，也是大多数人的需要。很多自杀者就是因为这些基本需要长时间没有被满足，才会走上绝路。当在危机干预时刻，咨询师可以给予自杀者这些需要的满足，或许，自杀者就会暂时放弃自杀。至少，他感受到这个世界上还有人可以懂他，可以理解他，可以看见他，可以尊重他，让他重新感受到自己的价值感。

除了价值感以外，还有一些感觉需要在危机干预时强化，包括联结感、存在感、控制感、信任感、希望感等。

自杀者在当下无法与任何人或事或物产生联结感而有的失联感，是自杀者想要自杀的重要原因。如果可以在很短时间里与自杀者产生联结感，让自杀者感受到生命的联结和抓手，就有可能放弃自杀。接地技术可以帮助自杀者与当时的环境产生联结，倾听的话术可以让自杀者与自杀干预者产生联结，通过回忆过去的美好记忆，可以让自杀者与美好的事物产生联结。

很多自杀者找不到存在感，才会觉得活着没意义，好像自己活着或不活没有任何区别，因为没有人在意他，没有在乎他的存在。找到存在感重要的方式是意识到自己的存在给身边的人带来哪些变化，因着你的努力，有些人或事变得不一样。

失控感是很多自杀者无法耐受的，觉得这件事或某个重要关系失控了，无法接受和耐受这种失控感，会泛化到整个人生的失控感。那么就需要通过一些小事重拾控制感，让他感到自己的力量。

信任感是人与人之间联结的重要体现。如果人与人之间不但有联结，还有信任，那么这种联结就更加深厚，更有分量。

如果以上几种感觉建立起来了，自杀者就可以重新看到生命的希望，产生希望感。到了这个地步，估计自杀者也不想自杀了。

原则四　电休克治疗

电休克治疗是一种物理疗法，适用于特殊情况，尤其是自杀想法顽固，反复出现自杀行为的患者。但电休克治疗也对一些患者造成了困扰，包括可逆或不可逆（有争议）的记忆丧失和认知神经功能受损等。

原则五　复查风险

出院后也要定期复查风险等级。确定没有自杀想法三个月后方可暂时解除警报。这里面特别需要关注的是，在确定没有自杀想法后，不是解除警报，而是要再过三个月才能解除警报。

患者的自杀风险是否解除，很大程度上要看生活方式是否改变，过去造成自杀想法和行为的模式是否改变，是否重建新的生活方式，是否有积极的应对策略。如果这些都没有改变，我们很难相信通过药物治疗，自杀想法就完全消失了，即便是暂时消失，都有可能会复发。

以上就是自杀风险处理的一些基本原则。

第13章
与青少年沟通的锦囊妙计

与青少年沟通的锦囊妙计

经过前面十二章的介绍,青少年常见精神心理问题的阐述已经告一段落。

当孩子出现精神心理状况之后,家长苦不堪言,又不知道该如何帮助孩子。本章是针对如何与青少年沟通专门设计的章节。

三国演义中,两国交战,不知该怎么对战,军师会提出一条锦囊妙计来克敌制胜。我们跟孩子的关系虽不像敌人一样是对抗的关系,也不是争得谁输谁赢,但仍需要有更好的沟通方式来达成更好的沟通效果,这样既可以改善亲子关系,又可以帮助孩子走出困境。

家长和孩子的利益本是在一条战线上的,因为有共同的目标。

遗憾的是,由于家长在跟孩子交流中所使用的表达和交流方式不当,孩子时常感觉家长根本不是跟他站在一条战线上,而是在跟他作对。

> 孩　子:不管我做什么,你总偏不让我做。
> 家　长:我怎么就跟你作对了?我都是为了你好啊,我们把工作放下,把娱乐放下,把生活放下,一心扑在你身上,你却说跟你作对,你这孩子怎么这样说话呢?!
> 孩　子:我就是感觉你们在跟我作对,因为我无论说什么,你们都说这不对、那不好,这不就是在跟我作对吗?

孩子的感受很真实,家长的委屈也很真实。孩子的感受被父母忽略，父母的初心和动机也被孩子所忽略。相互忽略的沟通是一种错位的沟通。我们都希望可以做到同频沟通，同频沟通才能达到共振的效果。可具体如何做，却茫然不知所措。

以下共有十条锦囊妙计供各位家长参考。

为了便于大家理解，我把这十条妙计每两条对应排列，具体如下：

充分尊重，不问西东；

察言观色，为他代言；

打成一片，巧妙迁移；

即时反馈，巧用故事；

自我暴露，真爱不变。

妙计一　充分尊重

"充分尊重"就是指家长把孩子作为一个完全独立的个体，赋予他平等的尊严，更多征求孩子的意见，跟孩子商量，充分听取孩子的意见。

举例来说，家长进孩子的房间要不要敲门？是偶尔敲一下还是每次都敲，还是从来不敲？有些家长可能从来都不懂得敲门，也没有意识到进孩子房间是需要敲门的，更没有意识到敲门涉及对孩子的尊重。

家长有时带着孩子外出，在路上遇见熟人，会当着孩子面跟熟人肆无忌惮地谈论孩子最近的状况，在学校怎么样，在家里怎么样。有些家长在交谈中，为了满足自己的需要，夸张地把孩子说成他想要的样子，只想着怎么样达到更好的交流效果，没有顾及他身边的孩子是不是认同，这时，孩子在旁边会非常不自在，甚至会斜着眼睛生气地看着，心想，"妈妈，你在说什么呀？"内心强力抗议，又无法阻止家长的信口开河。

心理咨询室里也经常会有这样的情况。在家庭治疗时间或是首诊的时候，或是父母跟着一起进来的时候，孩子讲完了之后，我请父母反馈，父母夸夸其谈，也不管旁边的孩子是不是认同，甚至在孩子提出异议时，家长也会说："那是你的想法，不要打断我。"这就是不懂如何尊重孩子。

在中国文化里，有一个重要家庭观念就是"尊敬父母"，即"我是家长，是父母亲，你作为小辈应该听长辈的"。说得难听一点就是"我是老子，你是儿子，你就是要听爸、听妈的"。

可是，在孩子到了青春期时，如果父母这种想法没能及时做出调整，恐怕会给沟通带来障碍，甚或造成冲突。因为青春期的孩子开始要求独立、自主，要求自己能够做主，要自己说了算。当这种需求遭遇到父母的权威时，往往会造成冲突，冲突形成积怨，甚至可能会动手打起来。

开始是儿子打不过父亲，但孩子渐渐长大进入青春期，尤其是男生，身高体能逐步超过父亲。此时你再打孩子，他就会反抗。孩子动手反抗是父母非常不愿接受的情况，父母会非常生气、愤怒，甚至绝望，心想，我的孩子怎么会变成这样？

孩子看问题的视角与父母不同，这是需要被接纳和尊重的。家长需要给孩子留一些空间。比如，可以这样说："儿子，我们给医生讲一些我们的想法，不一定对，如果我们说的不符合你的想法，你可以提醒我们，好吗？"这样说就充分表达了对孩子的尊重。

很多时候，孩子心里非常不认同，可是父母不给他表达的机会。一旦有机会，孩子可能会说："我当然不认同，你们说的都是否定我的话，在你们眼中，我永远是一个失败者。"

这时，如果家长没有反省，还变本加厉地说："你不就是这样吗？你根本就是这样的，我说的有错吗？"家长和孩子在咨询室就会大吵一架，这样的母子关系是很难调和的，双方都需要单独辅导，学习彼此尊重。

父母应该根据孩子不同的成长阶段使用不同的养育策略、扮演不同的角色来对待他们。尤其是父亲角色。

在众多案例分析中，几乎 95% 以上的案例，父亲角色都是处于缺位或相对缺位状态。要么工作太忙，要么在外地工作，要么在家里就像不在一样，要么外遇出轨，要么就是离婚。父亲跟孩子缺少情感联结是中国社会的普遍现象。父亲缺位带来的直接后果就是母亲的焦虑。整个家庭靠妈妈一肩扛，既要上班赚钱养家，又要照顾孩子，忙里忙外不可能不焦虑。缺位的父亲加上焦虑的母亲，所形成的家庭氛围会给孩子成长带来很多影响和心理上的伤害！孩子在这类家庭中要想健康地成长恐怕很难。

父亲的角色内涵可以非常丰富。父亲可以是严厉的父亲，也可以是慈爱的父亲，可以如山一样撑起一个家，也可以温柔地给孩子拥抱和亲吻，可以非常细心地给儿子送上一份生日礼物，也可以在女儿青春期身体已经发育情况下仍然给她一个爱的拥抱。

笔者始终认为，解决孩子在青春期遭遇的问题是需要家长密切配合的。我们不说孩子所有问题都是家长造成的，这样说对家长不公平，让家长备受委屈。但可以说，青春期的孩子有精神心理方面的问题，家长在帮助孩子走出困境的过程中扮演至关重要的角色，甚至有时比医生都要重要。因此，在治疗孩子的同时，家长也需要做辅导，家长和孩子并行不悖，大概一个月间隔做一次家庭治疗，就是把家长和孩子放在一起，这样才能让家长和孩子同步成长。

在医生面对青少年时，也需要关注到每个细节，以表达对孩子的尊重。

充分尊重从如何称呼开始做起。从称呼的角度来讲，咨询师要怎么称呼孩子需要征求孩子的意见。有些孩子不希望被称呼名字，因为名字带来太多痛苦的回忆。

充分尊重还包括了解孩子来咨询是被妈妈勉强来的，还是自己愿意来的。充分考虑到孩子来咨询时的状态，探测是否有阻抗，了解家长是否以胁迫的方式威逼孩子来咨询，比如，"如果你不去咨询，这个月零花钱没有了""如果你不去咨询，我就把网断掉"等。孩子虽然人来到了咨询室，但态度上完全阻抗，看也不看你，话也不说，在那里做自己的事情，或看手机。如果是被妈妈勉强来做咨询的，那就需要先打破这种阻抗，然后再进行咨询。

尊重孩子，就要察觉到他当下的每一个感受。

在首诊过程中，精神科医师特别容易陷入收集信息的思维和对话模式中去。接二连三提问：

> 你多大啦？
> 在哪儿上学？
> 家里有几个孩子？有没有兄弟姐妹？
> 你现在休学多久了？为什么休学？

连珠炮问题接踵而来，因为精神科医生需要收集信息才能写病历。但对孩子来说，这种被问问题的方式很不舒服，觉得很不被尊重。很多孩子不愿意看精神科医生就是因为精神科医生有这种定式思维，习惯会问这些问题，而孩子最讨厌被问问题。

高明的医生可以在看似闲聊的对话中就把需要的信息收集了。不那么高明的医生如果需要先建立关系，就需要先和家长沟通好，让家长有心理预期，收集信息需要在建立关系之后。如果必须收集信息，我会这么说，精神科医生通常有个毛病，需要了解你非常细节的信息，需要不停地问你问题，会让你很烦，你会介意吗？这样先打一个预防针，就算他介意，当你这样说之后他一般就不会那么介意了。精神科医生经常使用的话术包括："我这样说希望不会冒犯到你""我这样说会让你觉得不舒服吗"，这些表达都有助于让孩子感受到被尊重。

所以，作为精神科医生，不能指望首诊就能够解决问题，诊断出他是什么问题。一般来说，首诊都是建立关系，了解基本情况。那么第二次、第三次才是评估，才有一个大概的判断。如果有判断之后开始用药，才会有第四次、第五次跟进，随访这个药物的信息，然后我们四五次之后再决定要不要做心理治疗。这是通常的一个模式，每一次可能至少需要五十分钟的时间。

咨询结束之后，需要和孩子确认两点。第一点，今天的咨询中，我有没有在表达或者措辞方面让你觉得不舒服和被冒犯的？确认这个动作，就传递出一个信息，我很看重你的感受，如果有请你告诉我，我会做出调整。第二个，在今天的咨询中，有没有你不希望我向你父母透露的内容？帮助他保密信息，虽然孩子未成年。当我们这样说的时候，就是在传递一个信息，对他的充分尊重。我们对于自杀、杀人这类信息是不能保密的，这是在保密之外的，大家要确切知道这一点。

还有一个表达尊重的重要方式就是征求意见。

你可以这样说，如果你不知道该怎么说，我可以尝试帮你表达吗？当你在猜他的想法的时候，为他代言，可以向他征求意见。我可以这样做吗？我这样可以吗？这样一种征求意见的表达方式体现出你对孩子的一种极大尊重。而且在每一次你跟他互动的过程中，都表达出你在时时刻刻关注着他的感受，这就叫充分尊重。

妙计二　不问西东

"不问西东"是指不问那些会造成孩子困扰或痛苦的问题，即便这个问题或许重要。这些问题包括，

> 如果你父母离婚了，你跟谁？
> 你为什么没有先完成作业再玩，免得被父母骂？
> 这个错误为什么屡犯不改呢？

问这类问题，不但没有太多专业上的必要，还会造成孩子不必要的困扰和痛苦。

最近，笔者观看了一场青少年的篮球赛，都是十几岁的孩子。孩子在场上比赛，家长在场边呐喊助威。比赛中，有一个孩子受伤了，被撞到了鼻子，蜷缩在操场上捂着鼻子疼痛难受。球场边上的妈妈见状迅速冲上去，真是爱子心切啊，然后就迫不及待想要扒开孩子捂在鼻子上的双手，想知道到底伤情如何。孩子因为鼻子酸痛，需要用手捂住才会好一些，但妈妈执意要扒开孩子的双手，边扒边喊叫，"快让妈妈看看"。

妈妈此时的心情可以理解，首先她想知道伤得怎样，其次想知道怎么帮孩子。但妈妈这个扒开手的动作对孩子来说其实是一

种妨碍，孩子此时其实非常抗拒，因为他鼻子受伤时，最想做的一个动作就是赶紧捂住鼻子，让自己好受些，可妈妈却非要把他的手扒开，妈妈这个本来是关心的动作却严重阻碍了孩子缓解疼痛。这就叫错位的关心。家长的主观意图看上去一点没错，但实际效果却让受伤的孩子倍受疼痛。

有多少时候，家长的好心却在办坏事，结果适得其反。尽管当时家长迫切想知道伤情，但是要忍，要等一等。很多家长没有这个概念，还在不断问："你回答妈妈呀，你到底怎么了？"你知道吗，因为疼，孩子根本回答不了你的问题。

我们常常犯这种错误，以为是在帮助孩子，实际上效果相反，我们的动作、语言，不是缓解疼痛而是让他更加疼痛。

再比如，发现孩子在学校被老师批评了，作为家长经常会这样问孩子："学校里老师是怎么批评你的啊？老师说了什么啊？"

这样的问法只会让孩子心里更加难受。因为老师可能用羞辱的语言数落过他，孩子心里已经很难受，但你这样的问法会让孩子再次重现被批评的情景，从而内心会更难过。

各位父母，想帮孩子，初衷没问题，但一定要注意方法，不然效果适得其反。所谓的不问西东，就是要关注我们的一言一行，不要去戳疼孩子的伤心处。这就是不问西东的原理。

妙计三 察言观色

"察言观色"就是不仅要关注被咨询者语言部分的表达，还要关注他非语言部分的表达。孩子常常会用非语言动作传递出重要的信息。在跟青少年对话中，察言观色是经常用到的一种技巧。

> 孩子在咨询时一直靠在沙发上，两手交叉在胸前，一看就知道正处于一个防御状态。但当说到游戏的事情，他一下子来了兴趣，把手一松，眼睛一亮，"哎，你知道吗？最新出的这几款游戏啊，太让我失望了，我花了好多钱买的，结果让我大失所望，这算什么游戏啊，根本就没有开发完成，到处是技术故障"。顿时，整个人的精神状态完全不一样，在谈游戏时他会眉飞色舞、神采飞扬，会跟你说出他对游戏的种种见解。但当话题一转开始说到父母时就不一样了，眉头紧锁，脸部表情明显带有一种厌恶感，甚至说着说着眼睛里面还会有眼泪，这些都是非语言信息，关键是这些非语言信息你能不能准确捕捉到？

我们经常提到"反映式倾听"这种技术，就是指倾听的不单是语言，还有言外之音、话外之意。言外之音、话外之意从文字的角度来理解字里行间没有说出来的意思和情绪。

作为医生，我们特别需要训练自己察言观色的能力，及时捕捉到孩子的非语言信息。家长也需要训练这种能力，因为家长是每天和孩子朝夕相处的最重要的影响因素。

再举几个例子。

> 说到初中老师对你的伤害，你几度哽咽，说着说着说不出话来，你喉结这里开始咽口水，当时你一定想起了什么。

> 这个经历看来对你非常不容易。
>
> 提起外公,你的声音好像有点颤抖,肯定发生过什么。
>
> 说起高中的那次打架事件,我发现你不自觉地握紧了拳头。
>
> 我注意到你刚才说起初中那件事时,好像有眼泪在眼眶里打转。

这些都是我们在察言观色过程中可以给出的反馈。他没有表达出来的非语言信息,被你准确捕捉到并及时反馈过去时,他往往会一愣,"嗯!你是怎么知道的?"这种反应就带来了进一步沟通的契机。

很多家长抱怨说,不知道该如何和孩子沟通,怎么说,孩子都没有回应,其实是因为家长不知道该怎么听,也不知道该怎么说。

察言观色的效果是让孩子充分感受到家长对他的关注,是在对话关系中与孩子建立信任感的重要方式。如果可以在某次对话中,通过察言观色抓住孩子内心的重要想法,通过全身心的关注,把他说出来的和没说出来的东西,想表达和没表达出来的东西点明,他就会感觉到父母终于能够懂我、了解我,就愿意继续后续的对话。

有些青少年即便有这样或那样的感受要谈,却经常会不知道该如何表达。这时,家长经过察言观色,及时反馈、为他代言,就能更好建立信任感。

妙计四　为他代言

> 我在尝试体会你当时的感受，你一定觉得很委屈吧？

一个 18 岁的大男生，高高大大，他会轻易告诉你心中的委屈吗？一般不会，那怎么办？你要为他说，你要为他代言。"我在尝试体会你当时的感受，你一定觉得很委屈吧？"这就是为他代言，他不好意思直接说的，你为他说出来。当你可以把他的感受说出来，他会有反应，有时他会点头，有时他什么都不说，但已经感受到你对他的理解。

再给大家举几个为他代言的话术。

> 孙医生：你明明是想好好学习的，却被妈妈误解，实在是很挫败，你都不想学了吧？
>
> 小　A：对呀！就是这样的，我本来想好好学习，妈妈在那儿唠唠叨叨，这个完成了没有？那个完成了没有？这个成绩怎么样？那个成绩怎么样？天天这样没完没了，你说谁能受得了？

当你为他代言的时候，就帮助他打开了一扇表达的门，让他把心里想的都表达出来。

> 孙医生：听上去你好像并不是厌学，只是在学校你受到老师的打压和同学异样的眼光，让你学不进去，这是环境造成的，并不是你对学习本身不喜欢。

> 小　A：哎，你这么说倒也是啊！他们都说我不愿意上学是厌学，我在家里都待了一年了，我也觉得自己是厌学，但其实我在家里，这一年也没有停止学习啊！我在自己学习呀。看来真的不是愿不愿学的问题，而是学校的环境。

"为他代言"这种技术最需要的就是家长有察言观色的能力，要能够听出言外之意和话外之音，需要我们有很好的脑补能力、想象能力、语言表达能力，还要有丰富的词汇量。比如，如果孩子什么都说不出来，只会说"我很烦呐！"就这一句话，作为咨询师/医生，你可以脑补出几种"烦"背后的原理或逻辑？

> 烦，是因为父母不能够理解你，你说一千遍，他们都没有办法理解你一次。
> 烦，是因为你在学校很难找到知心的朋友，你曾经很努力地尝试过，但是很挫败，还是没交到真心的朋友。
> 烦，是因为你觉得自己对学习已非常认真上心、非常努力，但是仍然达不到你想要的成绩，你对自己不满意。
> 烦，是因为你觉得你对现在的生活状态不满意，但又无力改变，再加上父母又不够理解你。

一个"烦"字，能为他代言的空间是非常大的。

"为他代言"的另外一种表达方式是用拓展性和启发性的回应为孩子拓展空间。在他完全不知道该怎么表达自己心境的时候，你给了他一个空间让他去体会、去选择。为他代言这种形式可以帮助他表达出内心的心声，你帮他表达出来了，你们之间就建立起了一种关系，一种联结，一种信任。

妙计五　打成一片

"打成一片"是指在孩子感兴趣的话题上融入场景，融入情绪，融入体验，让孩子感觉你好像就是身临其境地体会他的体会，感受他的感受。

举例来说，孩子说："昨天晚上我很晚才睡，今天一早起不了床，差一点错过咨询。"

面对孩子这句话，家长一般的回应是什么，"你怎么那么晚才睡？我们不是说好的吗？你要调整好自己的作息时间。"这种带着评判的话一说出口，孩子还愿意跟你聊吗？很可能转身就走了，理都不理你。如果之前和孩子已经建立一定的信任，孩子还有可能说："鉴于过去对你的信任，我再跟你聊两句！你要是再这样说我就不跟你聊了。"

对孩子说评判的话不是一个明智的选择。但家长在表达中不知不觉就会带着评判，好像我作为你的家长，与生俱来有权利评判你。但家长需要意识到，我们的评判终究无法成就孩子的益处。

我们可以尝试进入孩子的角色角度，体会他的感受。

小　B：昨天晚上我很晚才睡，今天一早起不了床，差一点错过咨询。
孙医生：昨晚睡这么晚，是不是有新游戏玩？还是在看新的电影？还是在网上遇到了久违的朋友聊得甚欢没办法停下来？

对于他晚睡这件事情，我们不要急着评判，而是要了解他晚睡的原因。了解原因又不要直接问，因为直接问就带有"审问"的错觉，会有压力，而是要用一种诙谐幽默的方式，或用他喜闻乐见的内容让他做选择，让他觉得不是被评判而是被关注，他就会告诉你，"昨天晚上晚睡是因为玩嗨啦！不但遇到了好朋友，而且还打了一局，打得相当精彩，你说我怎么舍得停下来呢？一定要打完。"

这样，沟通的频道就建好了，你与他同处一个频道，下一步交谈的目标就达到共振的效果。

这个对话过程中，家长的心态是关心他，语调是悦耳的，交谈内容是贴着他走的，表情是戏剧化的，情绪是放松的，立场是一致的。他跟你就像知己朋友一样随意聊天，像是在做心理按摩，很舒服，他说什么你都接得住，他表达什么你都理解都能听懂，他感觉没有任何压力，好像行云流水一般，结束后有一种浑身神清气爽的感觉。这种状态就叫"打成一片"。

再举几个打成一片的例子。

小　　C：我爸妈就是不同意我文身。
孙医生：你想文什么图案呢？是自己设计吗？
小　　C：我只有大概的一个想法，我要设计师帮我设计。
孙医生：你的想法是什么样的？
小　　C：我想画一幅画，然后写几个字母。
孙医生：你是怎么想到文这幅画和这几个字母的？它对你来说一定有非常重要的意义，要不然你不会把它文在身上，天天想要去看它，说说看它的重要意义是什么。

在这个对话中，我们没有说文身不行、不好，或者说文身是坏孩子才会去做的事情。我们把关注点放在文身背后的逻辑和故事，为什么文身对你这么重要，这就是换一个角度跟孩子打成一片。

可能有些人会说："你这么一说他真去文身了，那不是在纵容他文身吗？"那我想问你，"文身和跟孩子关系闹僵哪一个后果更严重？"当然是跟孩子关系闹僵更严重。但千万不要误解，为了不闹僵关系，家长要事事顺着他。不是这样的，你觉得在上面的对话中，我有顺着他吗？我有说同意文身吗？我有说文身是件好事吗？都没有，我只是换了个角度和他对话，问他为什么想要文身？这个图案对他来说有什么特别的意义？这是我的关注点。

我们需要关注的往往并不是事件本身，而是事件背后孩子的心路历程，这是一种策略，也是一种视角。

妙计六　巧妙迁移

> 小　　D：我最近看了一部新电影，我忘了叫什么名字，女主角是倪妮，我很喜欢她，我觉得她是一名很有特色的演员。
>
> 孙医生：你那么喜欢倪妮，是不是希望自己也能和她一样有独立性、有想法、有气质呢？

面对学习成绩一塌糊涂的孩子跟家长聊电影，家长是否能做到不评判孩子，不说"你学习落下那么大一截，还有心思看电影？"虽然很难，但家长如果可以做到，会发现你和孩子建立了更好的对话氛围。

家长可以说："你这样喜欢倪妮一定有你的道理，你最看中她什么？在她身上，是否有你向往的东西？"这样的对话就是通过孩子感兴趣的话题对象梳理出一些特质和逻辑，然后牵引到他自己身上，看看如何把孩子内心的渴求召唤出来，渴求出来了，动力就出来了，动力出来了，事情就可以做起来了。

"巧妙迁移"就是从孩子感兴趣的话题入手，梳理这个话题的特点，最终迁移到孩子身上，触碰孩子内心的痛点，召唤孩子内心的渴求，激发孩子内心的动力。

你提到倪妮我就跟你谈倪妮，你说到刘德华我就给你说刘德华，你说周杰伦我就说周杰伦，你说蔡徐坤我就说蔡徐坤，你说什么我就跟随你说什么，但说着说着，就自然梳理出一条线，最终落脚在孩子真正要面对的问题上。

> 喜欢刷手机？很多人都喜欢，你最喜欢手机里推送的是什么内容？
>
> 你最近在追什么剧啊？好看吗？哪一些角色是最吸引你的？看来你很欣赏那些有情有义的角色。
>
> 剧中有那么一首歌太美了，你会唱吗？这首歌一定让你想起很多精彩的情节？
>
> 狗狗成了你最好的朋友，有好朋友那是一种什么感觉？
>
> 王者荣耀，你最喜欢哪个英雄的技能？

上述种种话题，都可以巧妙迁移到孩子自己身上，因为关乎他的一切都是关乎他的，他所看重的，才能真正调动他的兴趣和动力。如果我们忽略这些他感兴趣的问题，开门见山问："你有什么问题，为什么不回去上学？为什么自残？"这种直截了当的谈话方式不易被孩子接受，而采用巧妙迁移的做法，从他所感兴趣的事上入手，再将话题转移到他身上，让他很自然地开始聊起自己。

> 小　D：对呀，我就是想像倪妮一样。虽然她不是最漂亮，但是很独特，很有气质。
> 小　E：对呀，狗狗是我最好的朋友，我曾经有个好朋友，但他背叛了我，我再也不想交人类的朋友。狗狗对我很忠诚，因为它永远都不会背叛我。
> 孙医生：被人背叛一定很不好受，被最好的朋友背叛一定很痛苦吧？不知是一种什么样的感觉？像是天塌了吗？

借着脑补的能力，凭着共情能力、反应性倾听能力和语言表达能力，给孩子营造一个空间，让他把被背叛的感觉描述出来。从狗狗开始聊，聊到人际关系，聊到被背叛，聊到其中的感受，聊到心灵上的创伤，一环套一环，如行云流水，毫无违和感。这就是在青少年咨询中达到的最好状态。

为什么青少年跟家长聊不起来，一聊就死机，但是跟咨询师、医生可以聊很久，因为我们跟孩子的交流不是用说教的方式、训斥的方式，也不给具体建议，而是从他的角度出发，进入他的内心里面，把他的想法给引导出来，这样的过程往往会让他感觉受用、舒服。

妙计七　即时反馈

"即时反馈"跟察言观色有点相似，只不过察言观色关注的是孩子所发出的语言或非语言信息，而即时反馈的内容不仅包括孩子所发出的信息，还包括和孩子沟通的整个场域。"场域"的概念是指在人与人沟通交流过程中所产生的电磁场，通俗地说，就是沟通交流的氛围。

> 我刚刚听到你跟我分享的一些想法，我抓到了几个关键词，想给你一点反馈。
>
> 当我提到你跟你父亲的关系时，我好像没有听到你描述自己的感受。
>
> 通过你刚才的描述，我感觉你的表达能力很好，逻辑性很强，思维缜密。
>
> 作为精神科医生就是爱提问题，不知道这会不会让你烦躁。
>
> 爸爸这段时间工作很忙，出差很多，没有能够花时间陪你，你会感到难过吗？如果爸爸可以花一整天时间陪你，你最希望爸爸陪你做什么？

以上这些话术都是即时反馈的话术，这些话术所涉及的内容不仅包括孩子表达的信息，也包括当下的氛围，还有咨询师/医生/家长自己的想法和感受。即时反馈强调我关注到你的感受，我关注到我们当下的状态，我关注到此时此刻正在发生些什么。

这种反馈让孩子感觉父母对自己的关注和对整个对话进程的把握。

妙计八　巧用故事

生硬的大道理，孩子已经听烦听腻了，那我们可以用讲故事的方式跟孩子交流。

> 你有没有听过半杯水的故事？它表达的是什么叫悲观主义、什么是乐观主义的故事。
>
> 关于爱情，在美国有一个非常有名的心理学试验叫作"吊桥试验"，你听到过吗？想不想听？
>
> 你听说过非洲蚊子吃掉过野马的故事吗？小小蚊子能吃掉野马？你有兴趣听吗？
>
> 心理学上有一个关于成瘾的实验：小老鼠通过电击自己可以得到食物。为了得到食物它不停地电击自己最后致死。很可怕噢，是不是？
>
> 国外有个心理学试验：女人衣橱里有几件衣服让她感到是最幸福的。你说外国人是不是很搞笑？怎么做这种研究啊？不过挺有意思的，你想听吗？
>
> 关于一个养老院的试验：通过不同楼层赋予老人们不同的选择权限，来观察幸福度的不同，发现选择越多，幸福度越高，但是不能太多。
>
> 有一个关于延迟满足的经典试验已进行了几十年，最后得出的结论是什么，你想听听吗？

讲故事能引发孩子兴趣，而讲大道理孩子是不愿意听的。重要的是通过故事可以引发孩子的思考,通过讨论深化孩子的思考,通过深化的思考,孩子的认知就得到训练和发展,通过发展了的认知,孩子就可以想明白一些事情,参透一些道理,然后,家长稍加引导,就可以把这些道理应用到孩子自己的生活中,行为模式就可能有所改变。

妙计九　自我暴露

"自我暴露"是指和孩子交流中讲述家长自己的事情。自我暴露有一个风险,就是让孩子觉得喧宾夺主,"你干吗跟我讲那么多你的事情?""你到底关注的是我还是你自己呢?我不想听。"但只要适度把握自我暴露的时机、时长和内容,引发孩子的兴趣,就可以吸引孩子。

> 哎,挂科我也经历过。大学第一年我就把高数挂了。补考才过的。跟你一样,高数考得不好。
> 要说这样的糗事我也有,一大堆呢!大一大二大三都有。其实不瞒你说,我也曾抑郁过,如果你愿意听,我可以简单聊聊,听听我的抑郁经历。
> 我上高中时,最喜欢的明星是刘德华,直到现在,我去KTV唱歌都只唱刘德华的歌。我也追星啊,我也年轻过啊。

这就是自我暴露的话术,这种自我暴露是可以激发孩子谈话兴趣的。不但可以激发孩子谈话的兴趣,还可以通过自己的经历给孩子一些启发，一些鼓励，一些思考。

妙计十　真爱不变

当孩子出现精神心理问题，家长无比焦虑、担心、着急，恨不得希望孩子马上好起来。但好起来谈何容易。有些孩子一年、两年、三年过去了，还是不见好，仍然无法上学，还是整天玩游戏，还是社交障碍，无法见人，这些状况都会让家长觉得痛心疾首。

对于家长来说，孩子当下的状况不是一蹴而就能轻易改变的，这很考验家长的耐心、爱心，需要有爱的持续陪伴。在此过程中，家长会被消耗得非常辛苦，很艰难。正是因为如此，家长可能开始有些抱怨，可能有些不耐烦，可能开始对孩子发脾气，可能已经不堪重负。但冷静下来，想想日子还是要过下去。因为有爱，家长愿意持续努力，不言放弃。这是真爱的力量。

很多孩子在经过很多年终于走出困境，回头看这段经历，会感慨说："多亏父母那几年对我不离不弃，否则我一定走不出来。"

家长今天经历的一切，或许在当时感觉不到意义和价值，但当一切尘埃落定，回望过去，才会发现，这一切的努力都是值得的。

结语

　　青少年需要一个"救援军"系统，帮助他们在这个纷杂的时代走出困境，走出泥潭。这个"救援军"系统包括家长、学校、社会、专业人士，当然还有孩子自己。专业人士中的角色包括精神科医生、心理咨询师、技能训练师、生活教练、陪伴者、倾听者。具有专业受训背景者可以更加有效帮助孩子，但家长同样可以接受专业训练成为咨询师、训练师、教练、陪伴者和倾听者。

　　因此，笔者认为，作为和孩子朝夕相伴的家长是这个"救援军"系统中最重要的角色。家长有独一无二的机会通过自己的学习带给孩子矫正性体验，让那些所有过去的创伤经历经过矫正性体验都变成非创伤信息留存或不留存在认知记忆里。

　　借此，笔者号召所有家里有受困青少年的家长可以勇敢地站起来，学习亲子沟通技能，了解青少年常见精神心理病症，知道可以在孩子出现病症之后可以怎样尽己所能帮助孩子，补上在做父母之前就应该知道可我们从来不知道的家长课，让帮助孩子走出困境成为家长自己人生中最靓丽的价值赋能体验。

如果您有兴趣，可以通过以下方式联系我们，加入我们。

孙医生个人微信：danielsxy

孙医生新浪微博：奇葩孙医生

"慕喜乐心社"微信公众号

"慕喜乐"视频号

鸣谢

在此书撰写过程中，要感谢的人有很多。

首先感谢我的太太，在我读博士、创建慕喜乐以及其他很多疯狂目标实现过程中给予我的理解与支持。我常用"你不理解我"来威胁她（她最怕这句话），但我不得不说，她应该是这个世界上仅有的几个理解我的人之一（没说最理解我，不知道回家会不会跪搓衣板）。

感谢我的两个尚未进入青春期的孩子，是他们让我对青春期这件事有了更大的动力去了解、去理解、去体会、去预备，好使他们进入青春期后，我可以少带给他们一些伤害。

感谢宋红涛医生在焦虑障碍和强迫障碍书稿中的参考文字。

感谢林旻沛老师在网瘾书稿中提供很多治疗理念。

感谢以下伙伴在转录文稿过程中的大力支持，他们是小满、安妮、柯海燕、冯海琳、乔瑛、文竹、刘元玲、霖雨和飞梦。

感谢上海社会科学院出版社伸出橄榄枝，让

这本书得以面世。感谢责编所做的工作，尤其是最初给予的鼓励。感谢美编为枯燥的文字添上美丽的翅膀。

最后，感谢每一位心药赋能课程的学员（这本书的原资料来自孙医生自主研发的心药赋能课程）以及这本书的每一位读者，不管你是专业人士，还是普通家长，都期待你们的反馈，让本书再版时可以更加完善。

2022 年 12 月 20 日

图书在版编目（CIP）数据

我的孩子怎么了？：青少年常见精神心理问题家长手册 / 孙欣羊著. —上海：上海社会科学院出版社，2023
 ISBN 978-7-5520-3792-0

Ⅰ.①我… Ⅱ.①孙… Ⅲ.①青少年教育—家庭教育—教育心理学—手册 Ⅳ.① G782-62

中国国家版本馆 CIP 数据核字（2023）第 039215 号

我的孩子怎么了？——青少年常见精神心理问题家长手册
孙欣羊　著

责任编辑：赵秋蕙　黄婧昉　　**装帧设计**：橄榄树
出版发行：上海社会科学院出版社
　　　　　地　　址：上海顺昌路 622 号（200025）　电话总机：021-63315947
　　　　　销售热线：021-53063735　　　　　E-mail：sassp@sassp.cn

印	刷	：上海颛辉印刷厂有限公司
开	本	：890 毫米 x1240 毫米 1/32
印	张	：8.375
字	数	：200 千
版	次	：2023 年 5 月第 1 版　2023 年 5 月第 1 次印刷

ISBN 978-7-5520-3792-0/G · 1244　　　　定价：48.00 元

版权所有 翻印必究